30 PRINCIPIOS DE VIDA

REVISADO y ACTUALIZADO

UNA GUÍA *de* ESTUDIO *para*
CRECER *en el* CONOCIMIENTO
y el ENTENDIMIENTO
de DIOS

CHARLES F. STANLEY

GRUPO NELSON

Desde 1798

Edición: *Nahum Saez*

Adaptación del diseño al español: *Deditorial*

ISBN: 978-0-84071-074-1

eBook: 978-0-84071-080-2

Número de control de la Biblioteca del Congreso: 2022937795

Impreso en Estados Unidos de América

22 23 24 25 26 LSC 9 8 7 6 5 4 3 2 1

CONTENIDO

INTRODUCCIÓN

Dios, en su Palabra, le ha dado a usted cientos de principios de vida para ayudarle a convertirse en todo lo que ideó que fuera. Estos son los principios de fe que han sido probados y comprobados a lo largo de la historia, verdades de la Biblia que nunca han fallado y nunca le decepcionarán. Usted puede ver su impacto en la vida de los santos, desde los tiempos del Antiguo Testamento hasta el día de hoy; Dios ha prometido que, si sigue sus mandamientos, ha de bendecir su obediencia.

En sus más de sesenta años de ministerio, el Dr. Charles Stanley ha destacado fielmente los treinta principios de vida que han guiado su existencia y lo han ayudado a crecer en su conocimiento, servicio y amor a Dios. El Dr. Stanley ha enseñado a otros para que puedan convertirse en seguidores maduros del Señor Jesucristo. Tal vez se haya sentido inspirado por estos treinta principios de vida y se esté preguntando qué debe hacer para que sean parte de su vida. ¿Qué enseña la Biblia acerca de tener una vida de éxito espiritual y evitar las trampas de la ineficacia y la miseria espiritual? ¿Cómo se aplican estos principios de vida a sus circunstancias cotidianas y a los desafíos que enfrenta?

Esta *Guía de estudio de los 30 principios de vida* ha sido desarrollada para ayudarle a responder estas preguntas y animarle a crecer en su relación con Jesucristo. Por supuesto, estos principios nunca tuvieron la intención de ocupar el lugar de la Palabra de Dios. Son pautas para descubrir la riqueza de la verdad de Dios y conocerlo de manera más profunda e íntima. Al seguir estos principios de vida, se pondrá en camino a la vida que Él ideó para usted. Y, a medida que se someta a Él más plenamente, Dios se le ha de revelar. Eso es lo que hace que el camino de la obediencia sea tan emocionante.

Por supuesto, todo comienza con conocer a Jesucristo como su Señor y Salvador. No puede conocer a Dios sin conocer primero a Aquel que le reconcilia con Él. Romanos 5:10 dice: «Porque si siendo enemigos, fuimos reconciliados con Dios por la muerte de su Hijo, mucho más, estando reconciliados, seremos salvos por su vida». El Hijo de Dios, Jesucristo, proporciona una relación con Él y, además, le brinda vida eterna si confía en Él. Romanos 10:9 promete: «que si confesares con tu boca que Jesús es el Señor, y creyeres en tu corazón que Dios le levantó de los muertos, serás salvo».

¿Le gustaría comenzar una relación personal con Dios, Aquel que le creó y le ama pese a cualquier cosa? Dígale a Dios que confía en Él en lo referente a su salvación. Puede decírselo con sus propias palabras o usar la oración siguiente:

Señor Jesús, sé que tu muerte en la cruz fue suficiente para perdonar todos mis pecados y restaurar mi relación con Dios. Te pido que perdones mis pecados y seas mi Salvador. Gracias por proporcionarme el camino para tener una relación creciente con mi Padre celestial, y gracias por darme la vida eterna. Sé que escuchas mis oraciones, te alabo por amarme incondicionalmente y por salvarme. En el nombre de Jesús, amén.

Si recibió a Cristo como su Salvador, ¡felicidades! ¡Acaba de tomar la mejor decisión de su vida! Nos encantaría saber de usted. Comuníquese con el centro de atención al cliente de En Contacto al teléfono (800) 303-0033, para que nos regocijemos con usted y para enviarle nuestro *Kit para nuevos creyentes* con el fin de ayudarle a dar el siguiente paso en su caminar con Dios.

PRINCIPIO DE VIDA 1

Nuestra intimidad con Dios, que es su prioridad para nosotros, determina el impacto que causen nuestras vidas

Entonces dijo Dios: «Hagamos al hombre a nuestra imagen, conforme a nuestra semejanza».
GÉNESIS 1:26

Preguntas de la vida

Al iniciar un viaje, usted debe dar el primer paso en dirección correcta para llegar al destino deseado. Por esa razón, este estudio de los principios de vida comienza con el propósito de Dios al traerle al mundo. Para descubrir la vida que vale la pena, usted debe entender que es una persona especial y amada por Dios, y que Él ha preparado un plan específico y maravilloso que le proporcionará todo el amor, la satisfacción, el valor y el poder que usted anhela (Romanos 12:2).

    ¿Alguna vez se ha preguntado qué motivó a Dios a diseñar el universo o por qué lo creó? Fue por *amor*; sencillamente, por puro amor. Aun antes del principio del mundo, Dios le amó y quiso tener una relación íntima y personal con usted que produjera gran gozo, satisfacción y poder a su vida (Efesios 1:4). Debido a eso, el Principio de vida 1 es este: *Nuestra intimidad con Dios, que es su prioridad para nosotros, determina el impacto que causen nuestras vidas.*

Lo que la Biblia dice

1. Lea Génesis 1. ¿Qué creó Dios antes de hacer al primer hombre (ver vv. 1-25)?

2. ¿Por qué cree que Dios hizo todas estas cosas *antes* de crear a los humanos?

3. ¿Por qué cree que fue importante para Dios afirmar que era *bueno* lo que creó (ver vv. 4, 10, 12, 18, 21, 25) antes de crear a la humanidad (ver Santiago 1:17-18)?

La palabra *bueno* en el Antiguo Testamento también
quiere decir *agradable, atractivo, apropiado, grato
a los sentidos, útil, provechoso*; o un *estado general
de bienestar y dicha*. Todo lo bueno que venga a
su vida proviene de Dios (ver Santiago 1:17).

4. ¿Qué cree usted que Dios quiso decir en Génesis 1:26?
(«Hagamos al hombre a nuestra imagen, conforme a nuestra
semejanza»). ¿Para qué querría Dios crear a alguien a su imagen?

5. ¿Qué trabajos le asignó Dios a la humanidad? (ver vv. 26-28).
¿Cómo se relacionan nuestras responsabilidades con el hecho de
que portamos su imagen?

La palabra *imagen* en el Antiguo Testamento también
se refiere a *semejanza, modelo, similitud, copia*. Es
lo que usted tiene en común con Dios y la razón por
la cual puede conocerlo más profundamente.

Lo que significa

¿Se pregunta cuál es la voluntad de Dios para su vida? Él le creó a su imagen con un propósito específico: tener una relación profunda y estrecha con usted. Dios creó el mundo con todo lo que usted podría necesitar para que pudiera conocerlo y amarlo. Esto da a entender que ni el talento, la belleza, la inteligencia, el dinero ni cualquier otra cosa podrán definir jamás si a los ojos de Dios usted ha tenido éxito en la vida. Todo depende de cuán firme sea su relación personal con Él.

Ejemplos de vida

1. Lea Génesis 3. ¿Cómo supone usted que fue la vida en el huerto de Edén antes de que Adán y Eva pecaran?

2. ¿Por qué considera que Adán y Eva desobedecieron a Dios (ver vv. 5-6)?

Cuando Adán y Eva cubrieron su desnudez lo hicieron con hojas de higo, las cuales produjeron la savia que les irritó mucho la piel y les hizo sentir más incomodidad y vergüenza.

3. ¿Cuál fue el castigo por el pecado de Adán y Eva (ver vv. 15-19)? ¿Cree usted que después de su desobediencia ellos fueron de mayor o de menor utilidad?

4. Lea Juan 17:1-5. Defina qué es la vida eterna (ver v. 3).

5. Lea 1 Corintios 15:22. ¿Cómo se contrastan en este versículo la vida alejada de Dios y la vida íntima con Él?

Viva el principio

Usted fue creado para tener intimidad con Dios, y el efecto que esa relación tenga en su vida será simplemente asombroso. La prioridad máxima de Dios es que usted mantenga lazos firmes con Él en oración, estudio de su Palabra, adoración y alabanza.

¿Anhela usted que su vida sea satisfactoria y con propósito? ¿Quiere ser un agente de cambio en el mundo? Entonces entréguese por completo al Señor Jesucristo y pídale que abra su corazón a su misericordia y su amor infinitos. En realidad, solo por medio de su amistad y su comunión con Dios podrá usted causar impacto en los demás para toda la eternidad. Su intimidad genuina con Dios se hará evidente en cada aspecto de su vida, y eso determinará su influencia positiva en todo aquel que encuentre a su paso.

¿Cómo pondrá en práctica, esta semana, el Principio de vida 1? Medite en algunos medios por los cuales pueda lograr mayor profundidad en su relación con Dios. Después, pase tiempo en oración para que Dios le permita tener comunión íntima con Él y para que transforme su vida, a fin de que usted pueda impactar favorablemente al mundo para el reino de Dios.

Lecciones de vida para recordar

- ❧ Dios le ama y desea que usted tenga comunión con Él, lo ame, lo adore y le sirva (ver Deuteronomio 6:5).
- ❧ Dios quiere que su servicio a Él sea efectivo y fructífero (ver Juan 15:5).
- ❧ Dios desea que usted le invite a participar en su vida para bendecirle (ver Apocalipsis 3:20).

PRINCIPIO DE VIDA 2

Obedezcamos a Dios y dejemos las consecuencias en sus manos

«Ahora, pues, si diereis oído a mi voz, y guardareis
mi pacto, vosotros seréis mi especial tesoro sobre
todos los pueblos; porque mía es toda la tierra».
ÉXODO 19:5

Preguntas de la vida

Dios es el Creador de todo lo que existe. «Todas las cosas por él fueron hechas, y sin él nada de lo que ha sido hecho, fue hecho» (Juan 1:3). Como Creador y Sustentador del universo, Él tiene el poder de ajustar todas las circunstancias a su voluntad. También tiene derecho a esperar cierta norma de conducta por parte de aquellos que creen en Él.

Por supuesto, esa obediencia a Dios puede ser un desafío, sobre todo si usted siente que puede perder más de lo que podría ganar a través de su obediencia. Sin embargo, cuando Dios le ordena que lo obedezca, siempre es pensando en los mejores intereses de usted. Él conoce el resultado de cada decisión que usted pueda tomar y le guía por el camino del mayor bien.

¿Cómo se relaciona usted con Dios y sus mandatos ante las dificultades y tentaciones que le asedian cada día? Cuando Dios le indica que haga algo, ¿cuál es su reacción? ¿Le parecen sus mandatos demasiado demandantes o difíciles de obedecer? ¿Es una decisión que le parece abrumadora? ¿Se debate entre acatar o ignorar las instrucciones de Dios? Si es así, el Principio 2 debe ayudarle: *Obedezcamos a Dios y dejemos las consecuencias en sus manos.*

Lo que la Biblia dice

1. Lea Éxodo 19.1-7. ¿Qué les había sucedido a los israelitas en Egipto? (Si necesita un resumen, lea el relato en Éxodo 1 y en Salmos 78:43-55).

2. En este pasaje de la Biblia, ¿dónde se encontraba el pueblo de Israel (ver v. 2)?

3. ¿Por qué era importante que el pueblo de Israel presenciara el poder de Dios en acción? (ver v. 4).

En el Antiguo Testamento la palabra *obedecer* implica *escuchar*. También significa *acatar, acceder, consentir, entender* y *ceder*. *Obedecer* a Dios indica que debemos estar atentos a su voz y confiar en lo que nos dice. Obedecer a Dios es absolutamente esencial para agradarlo.

4. ¿Cuál sería la recompensa de Israel si el pueblo obedecía a Dios (ver vv. 5-6)?

5. ¿Qué importancia tiene, para usted, ser «especial tesoro» de Dios (ver v. 5)? ¿Le llama la atención esa promesa divina de amor y aceptación?

Lo que significa

Antes de que Israel pudiera poseer la Tierra Prometida, Dios tuvo que enseñarles a vivir como pueblo suyo. Sus mandatos eran para beneficio y protección de ellos, para que Él los estableciera y los bendijera en esa tierra. Si no observaban las leyes divinas tendrían que sufrir las consecuencias terribles de su desobediencia (Deuteronomio 28). Lo mismo se aplica a usted. Si decide desobedecer a Dios, en realidad está diciendo que no tiene confianza en Él. Es imposible tener una comunión íntima y profunda con alguien en quien no se confía. Sin embargo, si se empeña en lograr tener una relación íntima con Dios, confiando en Él y obedeciéndolo en cualquier circunstancia, usted siempre recibirá lo mejor que Él le tiene reservado, que supera absolutamente todo lo que usted pudiera obtener por su propia cuenta.

Ejemplos de vida

1. Lea Éxodo 3. ¿Cuál fue el mandato de Dios a Moisés (ver vv. 7-10)?

2. ¿Cuál fue la reacción inicial de Moisés al mandato de Dios (ver v. 11)?

3. ¿Qué clase de problemas y consecuencias podrían surgir de esa acción tan audaz de Moisés (ver vv. 11, 13, 19; ver también Éxodo 4:1, 10)?

4. ¿Cree usted que, en términos humanos, el temor de Moisés se justificaba con todos esos obstáculos? ¿Por qué sí o por qué no?

5. ¿Cuál fue la promesa específica de Dios a Moisés (ver v. 12)? ¿Cómo sabe que Dios cumplió su promesa?

Horeb y Sinaí eran dos nombres para la misma montaña. Algunos comentaristas creen que Horeb era el monte occidental y que Sinaí era el monte oriental; otros creen que uno de los nombres se refería a la cadena montañosa en general, mientras que el otro se refería al nombre específico de la montaña. En cualquier caso, sabemos que Dios cumplió su promesa.

Viva el principio

El relato de Éxodo 19 ocurre en el mismo monte donde Dios llamó a Moisés a servirlo. Esto indica que Él cumplió su promesa tanto a su siervo como a Israel. Moisés obedeció a Dios a pesar de las consecuencias que confrontó. Hebreos 11:27 testifica: «Por la fe dejó a Egipto, no temiendo la ira del rey; porque se sostuvo como viendo al Invisible». Moisés confió en Dios, y todos los problemas que enfrentó palidecieron ante el inmenso amor, la sabiduría y el poder de su Comandante.

En Éxodo 3:14, Dios dijo que su nombre es «YO SOY EL QUE SOY». También se puede traducir: «SIEMPRE SERÉ EL QUE SIEMPRE HE SIDO», o «PARA SIEMPRE SERÉ EL QUE SOY AHORA». Dios nunca cambia. Así como fue fiel y misericordioso con Moisés en el pasado, será hoy con usted y seguirá siéndolo por la eternidad (ver Hebreos 13:8).

¿Cómo pondrá en práctica, esta semana, el Principio de vida 2? ¿Cuál es el reto al que se enfrenta hoy? ¿Qué le está dirigiendo Dios a hacer? Su decisión en esta situación determinará si triunfará o fracasará. Por lo tanto, obedezca a Dios y deje en sus manos cualquier consecuencia que le produzca temor. Si Dios le hace una promesa, puede tener plena certeza de que la cumplirá. Después, pase tiempo en oración para que Dios le permita tener comunión íntima con Él y para que transforme su vida, a fin de que usted pueda impactar favorablemente al mundo para el reino de Dios.

Lecciones de vida para recordar

- Encomiende a Dios su vida y todo lo que se relaciona con usted (ver Proverbios 3:5-6).
- Espere la respuesta del Señor a su problema o situación (ver Salmos 37:9).
- Deje las consecuencias en manos de Dios (ver Éxodo 14:13-14).

PRINCIPIO DE VIDA 3

La Palabra de Dios es ancla inconmovible en las tormentas

«Dios no es hombre, para que mienta, ni hijo de hombre para que se arrepienta. Él dijo, ¿y no hará? Habló, ¿y no lo ejecutará?».

NÚMEROS 23:19

Preguntas de la vida

Si usted ha decidido entablar una relación íntima con Dios y obedecerlo pase lo que pase, no cabe duda de que experimentará temporadas de dificultad e incertidumbre. Algunos desafíos los verá venir antes de que lleguen. Otros le sorprenderán con la rapidez de un rayo. Aun otros, que parezcan manejables al principio, resultarán ser más difíciles y serios de lo que se imaginó. Otros tienen el potencial de cambiar su vida al instante.

Su andar con Dios es una aventura de fe y habrá situaciones en las que su confianza en Él será puesta a prueba. Si ha leído las historias de los héroes de la fe en la Biblia, sabe cómo es una noche oscura del alma. El propio Jesús dijo: «En el mundo tendréis aflicción». Sin embargo, luego agregó: «Pero confiad, yo he vencido al mundo» (Juan 16:33).

¿A qué se aferrará cuando le lluevan los problemas y todo lo que da por cierto y verdadero parezca ser arrasado por los ventarrones de la adversidad? ¿En qué anclará su vida cuando las olas impetuosas de la duda amenacen con caer sobre usted estrepitosamente? El Principio de vida 3 tiene la respuesta: *La Palabra de Dios es ancla inconmovible en las tormentas.*

Lo que la Biblia dice

1. Lea Números 22:1-12. ¿Por qué los moabitas tuvieron miedo de los israelitas (ver vv. 2-5)?

2. ¿Quién era Balaam y por qué fueron a buscarlo los moabitas (ver vv. 6-7)?

Los amorreos eran mucho más fuertes que los moabitas; por eso cuando Israel tomó fácilmente sus ciudades (ver Números 21:21-31), los moabitas tuvieron razones para temer.

3. ¿Cómo respondió Dios a Balaam (ver v. 12)?

4. Lea Números 22:22-35. Cuando Balaam desobedeció a Dios, ¿cómo captó el Señor su atención (ver vv. 28-31)? ¿Por qué cree usted que Dios usó métodos tan sorprendentes?

5. ¿Qué instrucciones dio el ángel de Jehová a Balaam (ver v. 35)?

Balaam dijo: «Dios no es hombre, para que mienta, ni hijo de hombre, para que se arrepienta» (Números 23:19). Cuando dijo que Dios no *miente,* quiso decir que Dios jamás nos *fallará, engañará* ni nos *decepcionará.* Al decir que Dios nunca tiene que *arrepentirse,* es porque Dios nunca cambia de parecer en cuanto a sus promesas.

Lo que significa

Dios libró de peligro a Israel, aunque el pueblo ni siquiera sabía que necesitaba protección. Él hizo que otras naciones les temieran y hasta evitó que maldijeran a Israel. Dios era tan poderoso que aun Balaam tuvo que decir: «He aquí, he recibido orden de bendecir; Él dio bendición, y no podré revocarla» (Números 23:20). La Palabra de Dios es absolutamente cierta. Aunque usted tal vez no entienda cómo hará que suceda lo que le ha prometido, Él sigue cumpliendo todas las promesas que ha hecho. Él nunca le engañará ni le decepcionará ni jamás cambiará de parecer en cuanto a lo que le ha dicho.

El nombre *Balaam* quiere decir «no es del pueblo». ¿No es asombroso que alguien que no tuviera nada que ver con el pueblo de Dios haya podido reconocer la fidelidad y el poder de Dios?

Ejemplos de vida

1. Lea Éxodo 19:5, Números 14:8-9 y Josué 24:9-10. ¿Cómo cumplió Dios la promesa de proteger a Israel de sus enemigos?

2. Lea Isaías 55:10-11. ¿Qué dicen estos versículos en cuanto a las promesas de Dios?

3. ¿Cómo puede animarle este pasaje cuando su situación parece sombría?

4. Lea Romanos 15:4. ¿Qué significa este versículo para usted?

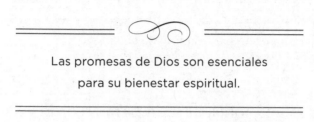

Las promesas de Dios son esenciales
para su bienestar espiritual.

5. ¿Qué pasaje escritural o historia de la Biblia le anima más? ¿Por qué?

Viva el principio

¿Medita usted en la Biblia todos los días para que el Señor le recuerde su Palabra cada vez que necesite su amor? ¿Qué hace usted cuando atraviesa por una tormenta de adversidad y necesita un mensaje especial de esperanza de parte de Dios? Cuando los problemas golpean como un maremoto, la Palabra de Dios puede ser un ancla de fortaleza, guía y consuelo para mantenerle estable.

Dios jamás le fallará ni se retractará de las promesas que le ha hecho. Así que, entréguele su corazón a Dios y pídale su consuelo. Ruéguele que le muestre su voluntad y le guíe a encontrar palabras alentadoras para usted. Proceda luego a leer su maravillosa Palabra. Un buen recurso para hallar seguridad es el libro de los Salmos o, si usted es nuevo creyente, lea el Evangelio de Juan. Pregunte a sus amigos cristianos qué pasajes de las Escrituras han sido significativos e inspiradores para ellos.

¿*Cómo pondrá en práctica esta semana el Principio de vida 3?* Busque otras maneras de apoyarse en la Palabra de Dios como su ancla en los momentos difíciles. Recuerde también cómo le ha alentado la Biblia y le ha mantenido enfocado en Dios, en el pasado. Después, pase tiempo en oración para que Dios le permita tener comunión íntima con Él y para que transforme su vida, a fin de que usted pueda impactar favorablemente al mundo para el reino de Dios.

Lecciones de vida para recordar

- ➤ Considere que las promesas de Dios son sus anclas espirituales (ver Hebreos 6:18-20).
- ➤ Recuerde que Dios siempre cumple sus promesas (ver Josué 21:45).
- ➤ Dispóngase a esperar con paciencia que Dios cumpla sus promesas (ver Habacuc 2:2-3).

PRINCIPIO DE VIDA 4

Estar conscientes de la presencia de Dios nos da energías para desempeñar nuestro trabajo

«Cuando salgas a la guerra contra tus enemigos [...] no tengas temor de ellos, porque Jehová tu Dios está contigo, el cual te sacó de tierra de Egipto»

DEUTERONOMIO 20:1

Preguntas de la vida

Eclesiastés 2:24 declara: «No hay cosa mejor para el hombre sino que [...] su alma se alegre en su trabajo. También he visto que esto es de la mano de Dios». Es probable que este pasaje sea desafiante para usted, especialmente si su ocupación no le satisface del todo. Tal vez usted sea el único responsable de suplir lo necesario para sus hijos, su cónyuge o sus padres ancianos, y eso le demanda bastante trabajo que muchas veces es ingrato y agotador. Incluso, aunque sea de su agrado, tal vez no siempre lo disfrute, ya que toda ocupación trae consigo dificultades y frustraciones.

Del mismo modo, es probable que no siempre reconozca la mano de Dios en lo que está haciendo o aprecie el trabajo en lo profundo de su alma. Es posible que desee gritar, como lo hizo el propio Salomón: «Vanidad de vanidades [...] todo es vanidad» (Eclesiastés 1:2).

¿Qué piensa usted de su trabajo? ¿Es el puesto de sus sueños o simplemente es su fuente de ingresos para pagar sus gastos? Sea cual sea su situación, Dios desea que haga su trabajo lo mejor que le sea posible. Se trate de personas, políticas u otros tipos de problemas que le causen angustia, es posible que se pregunte cómo podrá mantener su motivación y honrar a Dios en sus tareas. El Principio de vida 4 le anima, con las siguientes palabras: *Estar conscientes de la presencia de Dios nos da energías para desempeñar nuestro trabajo.*

Lo que la Biblia dice

1. Lea Deuteronomio 20:1-4. ¿Qué clase de tarea le garantizó Dios a Israel que confrontaría (ver v. 1)?

2. ¿Por qué podría el pueblo de Israel amedrentarse y desalentarse (ver v. 1)?

3. ¿Qué prometió Dios que haría por ellos (ver v. 4)?

La palabra *temor* en el Antiguo Testamento se refiere a
admirar, reverenciar o *respetar*. Dios es el único que merece su
admiración, su reverencia y su respeto (ver Deuteronomio 3:22).
Él está con usted, así que puede vencer todo lo que enfrente.

4. Lea Deuteronomio 11:7-12. ¿Por qué era importante que
el pueblo de Israel se mantuviera enfocado en Dios en ese
momento crucial en la historia de la nación (ver vv. 8-9)?

5. ¿Qué reveló Dios en cuanto a la tierra a la que estaban a punto
de entrar (ver vv. 10-12)?

Lo que significa

El pueblo de Israel tenía razón: no podían conquistar la Tierra
Prometida por sus propios esfuerzos. Debido a eso era de vital importancia que acudieran a Dios en busca de valor y gracia para enfrentar
situaciones, enemigos y obstáculos aparentemente imposibles de superar. Tal vez usted se pregunte qué tenga que ver eso con su trabajo.

Como creyente, usted es siervo del Dios vivo cada momento y ante cada tarea. Ya sea que expulse ejércitos enemigos de la Tierra Prometida, cambie pañales, haga negociaciones para una empresa multimillonaria, se dedique a hacer entregas a domicilio o a impartir una clase en su iglesia, usted debe honrar a Dios en todo lo que haga.

Ejemplos de vida

1. En su concepto, ¿cuál cree que es el peor trabajo? ¿Por qué es tan temible?

2. Lea Génesis 39:20-23. ¿Cómo se imagina que fue la vida de José en la cárcel?

3. ¿Por qué el carcelero le tuvo tanta confianza a José (ver vv. 22-23)?

José pasó cuando menos una década en esa cárcel, pero no desperdició el tiempo. Dios usó esa experiencia para enseñarle los principios que más tarde necesitaría para gobernar en Egipto y para ponerlo donde tendría mayor impacto y sería de gran bendición.

4. Lea Génesis 41:15-16, 38-44. ¿Cómo bendijo Dios la fidelidad de José?

5. Lea Génesis 41:53-57. ¿Cuál fue el resultado de la fidelidad de José?

Viva el principio

¿Cómo puede usted mantener la motivación y honrar a Dios en su trabajo? José lo hizo recordando que Dios estaba con él, pasara lo que pasara. Se entregó de corazón al servicio fiel a Dios, ya fuera en la cárcel o en el palacio, en tiempos de hambre o de abundancia. Así debería ser en el caso de usted.

Como José, usted tal vez no sepa por qué Dios haya permitido que surgieran las dificultades que por ahora confronta en su trabajo. Es posible que se haya propuesto alcanzar ciertas metas en su profesión, pero el plan de Dios para usted es mucho mejor. Obedézcalo y no se desanime (lea Gálatas 6:9). Él es la fuente de su energía, su fortaleza, su sabiduría y su inspiración. Además, es su jefe. Así que haga lo mejor que pueda por su bien y permítale actuar por medio de usted. Él le ha reservado una gran victoria y una recompensa maravillosa si confía en Él y hace lo que le ordena.

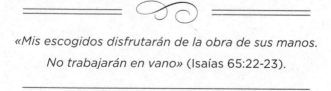

«Mis escogidos disfrutarán de la obra de sus manos.
No trabajarán en vano» (Isaías 65:22-23).

¿Cómo pondrá usted en práctica esta semana el Principio de vida 4? ¿Ha enfrentado una situación en su trabajo que le produce temor o desánimo? Busque distintas maneras de mantener su mente enfocada en la presencia de Dios y hónrelo en su trabajo. Después, pase tiempo en oración para que Dios le permita tener comunión íntima con Él y para que transforme su vida, a fin de que usted pueda impactar favorablemente al mundo para el reino de Dios.

Lecciones de vida para recordar

- Considérese siervo (ver Filipenses 2:5-7).
- Reconozca que trabaja para el mismísimo Señor (ver Efesios 2:10).
- Entienda que recibirá su pago tanto ahora como en el más allá (ver 1 Corintios 3:13-14).

PRINCIPIO DE VIDA 5

Dios no nos demanda que entendamos su voluntad, sino que la obedezcamos, aunque nos parezca poco razonable

«Tú, pues, mandarás a los sacerdotes que llevan el arca del pacto, diciendo: "Cuando hayáis entrado hasta el borde del agua del Jordán, pararéis en el Jordán"».

JOSUÉ 3:8

Preguntas de la vida

¿Las cosas no marchan como usted las planeó? ¿Siente que no está en sintonía con su Padre celestial? ¿Le resulta difícil entender qué salió mal en alguna situación o por qué Dios no parece bendecirle? Si es así, puede ser el momento para efectuar una cuidadosa autoevaluación.

A veces la razón por la que usted considera que Dios ya no trabaja en su vida es que ha insistido en hacer algo a su manera y no como Él lo quiere. Tal vez le haya puesto condiciones a Dios y solamente lo obedezca cuando le parezcan lógicas sus instrucciones. En realidad, eso quiere decir que usted no se ha comprometido totalmente con Él y no ha confiado en su voluntad con todo su corazón, lo cual siempre produce frustración.

Si sus oraciones parecen quedar sin respuesta o el camino a seguir se ve bloqueado, podría ser que Dios todavía espere que usted dé el paso de fe que Él le ha ordenado. No pierda la esperanza en cuanto a sus circunstancias; más bien, aprópiese del Principio de vida 5: *Dios no nos demanda que entendamos su voluntad, sino que la obedezcamos, aunque nos parezca poco razonable.*

Lo que la Biblia dice

1. Lea Josué 3. ¿Qué debía hacer el pueblo de Israel cuando cruzaran el río Jordán (ver v. 3)?

2. ¿Por qué temían tanto al cruce del Jordán (ver v. 4)?

Aunque el río Jordán tiene muchos lugares de vadeo, este episodio en la historia de Israel ocurrió durante la siega de los cereales, cuando las lluvias primaverales y la nieve que se derretía del monte Hermón habrían inundado las riberas del Jordán y lo habrían hecho completamente intransitable. Además, los enemigos y los animales como víboras, escorpiones, cocodrilos y panteras también podían esconderse entre la maleza cubierta de vegetación a lo largo de las orillas.

3. ¿Cuál fue la promesa de Dios al pueblo si lo obedecían (ver v. 5)?

4. ¿Qué lección deseaba darles Dios a los israelitas (ver vv. 7-11)?

5. ¿Qué cree usted que habría sucedido si los israelitas no hubieran obedecido a Dios?

Lo que significa

Imagine que planea dirigir a una multitud para pasar un río desbordado con el fin de entrar en territorio enemigo. Es probable que lo último que desee hacer sea enviar primero a las personas más indispensables con su posesión más valiosa para probar la situación, sobre todo si se trata de aguas desbordadas. Sin embargo, eso fue precisamente lo que Dios ordenó que hicieran los sacerdotes de Israel en el río Jordán. Quizá para ellos el mandato de Dios no tenía sentido, pero Él deseaba hacer otra cosa: enseñarles a mantener siempre la mirada fija en Él y no en las circunstancias.

Ejemplos de vida

1. Lea Josué 6. ¿Cuál fue el mandato de Dios a los israelitas en cuanto a la ciudad de Jericó (ver vv. 2-6)?

2. ¿Qué dijo Dios que causaría la caída del muro de Jericó (ver v. 5)?

Los descubrimientos arqueológicos han revelado que la muralla de Jericó mediría casi dos metros (6 pies) de ancho y la interna casi cuatro metros (12 pies).

3. ¿Qué parecido hubo entre este evento y el cruce del Jordán (ver v. 6)?

4. ¿Con cuánta precisión debía obedecer el pueblo de Israel (ver v. 10)?

5. ¿Cuál fue el resultado de la obediencia de los israelitas y la fidelidad de Dios (ver vv. 20, 27)?

Viva el principio

¿Qué le ha llamado Dios a hacer? ¿Sus instrucciones le parecen confusas o extremas? ¿Le ha desafiado a que haga algo para lo cual usted no se crea capaz? Recuerde, su tarea no es entender el plan de Dios, sino obedecerlo. Dios ve el principio, la mitad y el final de su circunstancia, por lo que el punto de vista de lo que Él le ha ordenado es mucho más completo que el de usted. Si pudiera ver las cosas desde el punto de vista de Dios, estaría muy motivado a obedecerlo.

La verdadera obediencia demanda hacer lo que
Dios diga, cuando lo diga y como indique que debe
hacerse, hasta que se haya cumplido, sin importar
si entendemos sus razones para ello o no.

Por desdicha, si usted desobedece a Dios continuará luchando repetidamente con lo mismo y se perderá muchas de las bendiciones divinas. La intención de Dios es que su confianza en Él aumente, por lo que le asignará tareas que pongan a prueba su determinación y propicien la madurez de su fe. Lo mejor de todo es que si se somete a Dios,

Él le mostrará su fidelidad y le llenará del poder del Espíritu Santo para hacer todo lo que le ordene. Aunque usted no entienda lo que Dios esté haciendo, su obediencia ejercitará su fe y la fortalecerá.

¿Cómo pondrá usted en práctica esta semana el Principio de vida 5? Analice lo que le parezca «absurdo» de lo que Dios le ha ordenado. ¿Por qué le amedrenta la instrucción divina? ¿Cómo puede vencer esos sentimientos y comenzar a avanzar en obediencia y fe? Pase tiempo en oración para que Dios le permita tener comunión íntima con Él y para que transforme su vida, a fin de que usted pueda impactar favorablemente al mundo para el reino de Dios.

Lecciones de vida para recordar

- La obediencia debe ser la prioridad máxima de su vida (ver Salmos 119:145).
- El Espíritu Santo le capacita para andar en obediencia delante de Dios (ver Juan 14:26).
- Dios produce buen fruto en su vida por medio de la obediencia a Él (ver Jeremías 29:11).

PRINCIPIO DE VIDA 6

Cosechamos lo que sembramos, más de lo que sembramos, después de sembrarlo

«Mas vosotros no habéis atendido a mi voz. ¿Por qué habéis hecho esto? Por tanto, yo también digo: [...] serán azotes para vuestros costados, y sus dioses os serán tropezadero».

JUECES 2:2-3

Preguntas de la vida

Imagínese a un agricultor al comienzo de la temporada de cultivo, arando su campo con el fin de prepararlo para las cosechas de ese año. Cualquier semilla que el agricultor plante es lo que el campo producirá. Si planta semillas de tomate, producirá tomates. Si planta semillas de calabaza, producirá calabazas. Siempre cosechará el producto de la clase de semilla que haya plantado.

El agricultor también tomará del suelo mucho más de lo que puso en él. La diminuta semilla que planta en la primavera brotará y se convertirá en una planta que producirá frutos en el otoño, que luego producirán muchas más semillas. Por supuesto, esto no es un proceso instantáneo. El agricultor debe esperar a que el cultivo madure en su tiempo. Debe ser paciente y cuidar las semillas que ha plantado. Los frutos de la cosecha siempre llegan después de la inversión inicial.

¿Qué semillas está usted plantando? ¿Qué fruto desearía dar en su vida? Es muy importante que esté consciente de lo que esté sembrando con sus palabras y sus acciones porque ellas determinan el curso de su vida. Por eso es fundamental que acepte el Principio de vida 6: *Cosechamos lo que sembramos, más de lo que sembramos, después de sembrarlo.*

Lo que la Biblia dice

1. Lea Deuteronomio 7:1-6. ¿Cuál fue el mandato de Dios a los israelitas (ver vv. 1-2)?

2. ¿Por qué fue tan estricto el Señor a este respecto (ver v. 4)?

En muchos casos, la idolatría en el Antiguo Testamento se originaba en necesidades legítimas. Por ejemplo, los cananeos adoraban a Baal, conocido como el dios de las tormetas y la fertilidad, con la esperanza de que les proporcionara las lluvias para la cosecha. En lugar de confiar en que Dios supliría sus necesidades para alimentarse, los israelitas lamentablemente acudían a Baal creyendo que recogerían mejor cosecha. No tenían fe en que Dios supliera sus necesidades, aunque Él ya había hecho tanto por ellos.

3. ¿Cuál fue la razón del Señor al darles este mandato (ver v. 6)?

4. Lea Jueces 1:27-34. ¿Por qué cree usted que los israelitas no tomaron en cuenta a Dios y no expulsaron a los moradores de la Tierra Prometida?

5. Lea Jueces 2:1-4. ¿Qué cosecharon los israelitas por su desobediencia (ver v. 3)?

Lo que significa

¿El pueblo de Israel permitió que los otros pueblos se quedaran en la Tierra Prometida porque así podrían aprovecharse de ellos? ¿Acaso fue porque requería demasiado esfuerzo echarlos? Por lo que haya sido, no honraron a Dios y su desobediencia les acarreó muchos problemas. Aunque no fueron juzgados de inmediato, de todas maneras, sufrieron las consecuencias. Jueces 2:10-11 nos dice: «Y toda aquella generación también fue reunida a sus padres. Y se levantó después de ellos otra generación que no conocía a Jehová, ni la obra que él había hecho por Israel. Después los hijos de Israel hicieron lo malo ante los ojos de Jehová, y sirvieron a los baales». Debido a su desobediencia, los israelitas padecieron siglos de guerra con las naciones que no expulsaron, como podemos ver en los libros de Jueces, Samuel, Reyes y Crónicas.

Es peligroso creer que a Dios no le importará si le obedecemos o no, pero a Él *sí* le importa. Aunque usted no vea inmediatamente las consecuencias de sus acciones, tarde o temprano llegarán.

Ejemplos de vida

1. Lea Gálatas 6:7-10. ¿Por qué cree que Pablo dice que «Dios no puede ser burlado» (v. 7) por lo que usted siembre y siegue?

2. ¿Cuáles acciones o actitudes suyas considera como «sembrar para su carne» (ver v. 8)?

3. ¿Cuáles acciones o actitudes considera como «sembrar para el Espíritu» (ver v. 8)?

Este principio no consiste en «hacer buenas obras»,
sino en ser obedientes a Dios. Hay muchos que hacen
«buenas obras» con intenciones egoístas, a los que
el Señor Jesús les dirá: «Nunca os conocí; apartaos
de mí, hacedores de maldad» (Mateo 7:23).

4. ¿Por qué el hacer buenas obras y obedecer a Dios demanda más tiempo y esfuerzo que hacer el mal (ver v. 9)?

5. ¿Qué cosechará usted si obedece a Dios sin desmayar?

Viva el principio

¿Al tomar cualquier decisión, usted busca la dirección de Dios? ¿Lo obedece tan pronto como conoce su voluntad? Cada decisión suya de hacer el bien o el mal es una semilla que está sembrando para su futuro, y a veces las decisiones pequeñas son las que más le afectan. Esto se debe a que el pecado aleja a su corazón de Dios, mientras que la obediencia lo vuelve hacia Él.

Si satura su vida con el Espíritu de Dios y su Palabra, cosechará el fruto del Espíritu (Gálatas 5:22-23) y disfrutará de todas las bendiciones para las cuales Dios le creó. Pero si es desobediente y egoísta, cosechará las consecuencias terribles de su estilo pecaminoso de vida. Es hora de seguir a Dios con toda seriedad. Usted debe decidir qué clase de vida tendrá y comprometerse a perseverar en ella cada día y pronto verá el rendimiento de lo que ha plantado por largos años. ¿Será una cosecha de la cual se sentirá legítimamente orgulloso?

¿Cómo pondrá usted en práctica esta semana el Principio de vida 6? Describa lo que Dios está indicándole que siembre con su vida. ¿Hay algún aspecto en el cual usted ya esté viendo la cosecha? Después, pase tiempo en oración para que Dios le permita tener comunión íntima con Él y para que transforme su vida, a fin de que usted pueda impactar favorablemente al mundo para el reino de Dios.

Lecciones de vida para recordar

- ❧ Cosechamos lo que sembramos (ver Lucas 6:43-45).
- ❧ Cosechamos más de lo que sembramos (ver Juan 12:23-25).
- ❧ Cosechamos después de haberlo sembrado (ver Isaías 49:4; Marcos 9:41).

PRINCIPIO DE VIDA 7

Los momentos sombríos durarán solo el tiempo necesario para que Dios lleve a cabo su propósito en nosotros

Todo el pueblo estaba en amargura de alma, cada uno por sus hijos y por sus hijas; mas David se fortaleció en Jehová su Dios.

1 SAMUEL 30:6

Preguntas de la vida

A veces parece que las pruebas de la vida no van a terminar nunca; o bien estás al inicio o en medio de una temporada de dificultades, o terminando una. Ya sea en sus relaciones personales, en lo económico, en su salud o en la vida espiritual, las pruebas pueden ser agotadoras y desalentadoras. Además, ningún problema sucede en el vacío; siempre hay emergencias o situaciones difíciles que complican la vida.

Aun así, la Biblia dice que Dios *siempre* es bueno. «¡Jehová! [es] misericordioso y piadoso; tardo para la ira, y grande en misericordia y verdad» (Éxodo 34:6). Tal vez esta sea una verdad difícil de aceptar en medio de las pruebas, porque solo tiene una perspectiva limitada de sus momentos oscuros. Usted puede ver cómo le afecta al momento, pero no puede ver el panorama general de lo que Dios está logrando durante esos tiempos.

Si quiere lo mejor de Dios para usted y desea ser usado por Él, en algún momento transitará por el camino de la adversidad. En esos momentos, tendrá que confiar en que Dios solo quiere lo mejor para usted. También valdrá la pena recordar el Principio de vida 7: *Los momentos sombríos durarán solo el tiempo necesario para que Dios lleve a cabo su propósito en nosotros.*

Lo que la Biblia dice

1. Lea 1 Samuel 27:1-8. David había sido ungido por Samuel como futuro rey de Israel (ver 1 Samuel 16:11-13), mientras Saúl seguía siendo rey. Entre tanto, ¿qué sucedía en la vida de David (ver v. 1)?

La vida de David no fue nada fácil. Además de
tener que esperar varios años para ocupar el trono,
el rey Saúl intentó matarlo en muchas ocasiones,
así como a todo aquel que lo ayudara.

2. ¿Cuánto tiempo estuvo David con los filisteos? ¿Adónde ordenó Aquis, rey de los filisteos, que se fuera a vivir David (ver vv. 5-7)?

3. Lea 1 Samuel 29:3-7. ¿Cómo reaccionaron los príncipes de los filisteos ante la presencia de David en medio de ellos (ver v. 4)? ¿Cómo cree que se sintió David al ser desechado en su país y rechazado por los filisteos?

4. Lea 1 Samuel 30:1-6. ¿Qué hallaron David y sus hombres a su regreso a casa en Siclag (ver vv. 1-3)?

5. ¿A quién culpaba todo el pueblo de sus desgracias (ver v. 6)?

Lo que significa

Usted no puede culpar a David por estar desesperado, pues todo iba de mal en peor. Había sido atacado injustamente por el rey Saúl, obligado a abandonar su país, repudiado por sus nuevos vecinos, bajo ataques constantes de fuerzas enemigas. Su familia fue llevada cautiva y sus seguidores lo traicionaban. Si hubo algún momento en el que David dudó de lo que Dios hacía, fue ese. No obstante, hizo lo que todos debemos hacer cuando nos agobian los momentos sombríos de la vida: «David se fortaleció en Jehová su Dios» (1 Samuel 30:6). En lugar de dudar de Dios, David pasó tiempo en su presencia, recordando al Dios poderoso a quien servía y en quien confiaba.

Dios escogió a David para ser rey de Israel muchos años antes de ocupar el trono. El Señor primero tuvo que preparar a David para que lo honrara en todo. *Jamás* dudó que Dios cumpliera su promesa, sin importar cuántas dudas y sufrimientos tuviera su siervo. Todas las pruebas de David sirvieron para fortalecer su fe en cuanto a los desafíos del futuro.

Ejemplos de vida

1. Lea Isaías 30:18-21. ¿Qué desea hacer Dios (ver v. 18)?

2. Cuando usted clama a Dios, ¿cómo le responde (ver v. 19)?

3. ¿Por qué permite Dios la adversidad en su vida (ver vv. 20-21)?

4. Lea 1 Pedro 1:6-9. ¿Por qué puede regocijarse aun cuando enfrenta tiempos oscuros?

5. ¿Cuáles son algunas pruebas por las que ha pasado últimamente? ¿Cómo ha visto a Dios usar esas pruebas para edificar su fe en Él?

Viva el principio

Las pruebas confunden y nunca son fáciles, pero Dios las usa para generar rasgos característicos en la vida de usted y que de esa manera pueda beneficiarse de los problemas, al confiar en Él. David lo hizo y así pudo confrontar las pruebas de su fe (1 Samuel 31:6; 2 Samuel 2:4; 2 Samuel 5:1-5). Así como Dios enseñó a David por medio de la aflicción, también está enseñándole a usted.

Tal vez se pregunte: ¿por qué tiene que ser tan doloroso? Es desdichado, pero no hay respuestas fáciles porque la disciplina y la instrucción de Dios han sido diseñadas para cada persona en particular. Dios debe captar su atención, enseñarle a depender solamente de Él y adiestrarle para ministrar a otras personas heridas (ver 2 Corintios 1:3-4), lo cual casi siempre requiere tocar un espacio muy íntimo de su ser. No obstante, usted puede saber con certeza que Él está haciendo algo de gran importancia en y por medio de usted. Dios jamás dejará que usted sufra sin razón ni permitirá que su problema continúe un minuto más de lo necesario. Por eso, no evada sus problemas. Enfréntelos con fe en Dios, sabiendo que Él no le dará más de lo que pueda soportar.

¿Cómo pondrá usted en práctica esta semana el Principio de vida 7? ¿Está pasando por una época sombría y difícil? ¿Necesita el alivio que solo Dios puede dar? Medite en lo que signifique para usted «fortalecerse en el Señor su Dios» como David. Después, pase tiempo en oración para que Dios le permita tener comunión íntima con Él y para que transforme su vida, a fin de que usted pueda impactar favorablemente al mundo para el reino de Dios.

Lecciones de vida para recordar

- ❧ Dios ha puesto límite a todas las adversidades (ver Lamentaciones 3:31-33).
- ❧ La adversidad es el instrumento utilizado por Dios para infundir piedad en nosotros (ver Romanos 5:3-4).
- ❧ El objetivo final de Dios es conformarle a semejanza del Señor Jesús (ver Romanos 8:29).

Libremos nuestras batallas de rodillas y siempre obtendremos la victoria

Y dieron aviso a David, diciendo: «Ahitofel está entre los que conspiraron con Absalón». Entonces dijo David: «Entorpece ahora, oh Jehová, el consejo de Ahitofel».

2 SAMUEL 15:31

Preguntas de la vida

¿Alguna vez ha sido usted blanco de acusaciones por alguien? ¿Ha sufrido la ira y el rechazo de un ser querido? Quizá las situaciones más dolorosas que haya experimentado vinieron a consecuencia de la condenación de alguien a quien usted apreciaba. Si merecía o no sus críticas, el dolor que le ocasionaron seguramente fue devastador y le tomó mucho tiempo superarlo.

¿Cuál es su primer instinto cuando alguien le parte el corazón? Tal vez sea confrontar a la persona, acusarla de haber actuado mal y luego hacer todo lo que esté a su alcance para hacerle la vida miserable. Cuando se enfrenta a ataques personales, puede sentirse tentado a «combatir fuego a fuego», buscar venganza donde pueda encontrarla y darle a su atacante una muestra de su propia medicina. Después de todo, es solo la naturaleza humana.

Sin embargo, la Biblia le insta a resistir esas reacciones viscerales. Como hijos de Dios, usted es *responsable* de reaccionar de manera piadosa cuando alguien le desafía a un combate, por lo que el Principio de vida 8 tiene el secreto para lidiar con su situación: *Libremos nuestras batallas de rodillas y siempre obtendremos la victoria.*

Lo que la Biblia dice

1. Lea 2 Samuel 13:1-14, 23-28. ¿Quiénes eran Absalón, Tamar y Amnón? ¿Qué hizo Absalón para vengar a su hermana Tamar (ver v. 28)?

2. Lea 2 Samuel 13:37-38. ¿Qué se vio forzado a hacer Absalón? ¿Cuál es su impresión inicial acerca de este joven, después de leer esos versículos?

3. Lea 2 Samuel 15:1-12. Absalón regresó después a Israel. ¿La intervención de Absalón confirma su impresión inicial? ¿Por qué?

En Hebrón fue donde David había sido ungido como rey de Israel (2 Samuel 5) y también donde Abraham, Isaac y Jacob fueron sepultados. Representaba simbólicamente el centro político de Israel y sirvió como el escenario perfecto para la insurrección de Absalón. Con el asesinato de Amnón, primogénito de David, y la muerte de su segundo hijo Quileab (llamado también Daniel), Absalón era el siguiente en línea para ocupar el trono y estaba listo para tomarlo.

4. ¿Cree usted que en el tiempo que Absalón estuvo lejos de Jerusalén se desvaneció su ira en contra de Amnón? ¿Por qué o por qué no?

5. Lea 2 Samuel 15:13-16, 23-31. ¿Cómo cree que se sintió David al enterarse de que su hijo lo había traicionado? ¿Qué era lo que más le interesaba averiguar a David (ver vv. 25-26)?

Casi mil años después que David fue al Monte de los Olivos a buscar a Dios, su descendiente, Jesús el Mesías, también fue allá. Al pie de ese monte se encuentra Getsemaní, el huerto donde el Señor Jesús aceptó la voluntad del Padre (Lucas 22:42) y se preparó para librar la batalla en contra de nuestro pecado en la cruz.

Lo que significa

¿Puede usted imaginarse cuán desolador habrá sido para el rey David ser traicionado por su hijo? Fue una situación en la que todos salieron perdiendo. David no podía recuperar su reino sin lastimar a su hijo y a muchos de sus compatriotas. Tampoco podía restaurar la relación con su hijo mientras el reino estuviera en juego. Ninguna honda ni espada podría resolver su problema, pero Dios sí pudo.

Ejemplos de vida

1. Lea el Salmo 3. ¿Se ha sentido como David, según relata en los versículos 1-2?

David escribió el Salmo 3 mientras huía de Absalón.

2. ¿Por qué era importante para David saber que el Señor era su escudo (ver v. 3)?

3. ¿Cuál diría usted que fue el estado de ánimo de David en medio de esa prueba (ver vv. 5-6)?

4. ¿Cómo se sentiría si supiera que su reivindicación viene de Dios (ver vv. 7-8)?

5. ¿Le anima esto o se siente engañado porque no puede vengarse? Explique.

Viva el principio

Cuando David huyó de Absalón, la situación parecía terrible. Absalón había ganado popularidad entre la gente y parecía que la nación lo apoyaba. Pero no pasó mucho tiempo después de que Dios devolviera el reino de Israel a las manos de David. Aunque hizo todo lo posible por proteger a su hijo, Absalón perdió la vida (ver 2 Samuel 18).

Es lo que sucede siempre que una persona alberga resentimiento y venganza en su corazón: hiere innecesariamente a quienes le rodean y tarde o temprano se destruye a sí misma. Por eso, usted no puede reaccionar a los ataques de la gente basándose en el temor y la indignación. Más bien debe reaccionar como David y elaborar un plan de batalla. Su estrategia de combate debe comenzar y terminar de rodillas, y entender que Dios controla la situación. Él se encargará de todo si usted es humilde y lo obedece. Sin embargo, debe impedir distraerse con sus emociones y los detalles de sus circunstancias y, en cambio, enfocarse totalmente en Dios. Cada vez que se entregue a Dios por completo y ponga en sus manos todas sus luchas, usted verá cuán fiel es Él para llevarle a la victoria.

¿Cómo pondrá usted en práctica esta semana el Principio de vida 8? ¿Está ante una situación en la que parece que nadie saldrá ganando? ¿Le han destrozado el corazón las acusaciones de alguien? Prepare un plan de batalla para entregar sus problemas a Dios y rendirse a Él. Después, pase tiempo en oración para que Dios le permita tener comunión íntima con Él y para que transforme su vida, a fin de que usted pueda impactar favorablemente al mundo para el reino de Dios.

Lecciones de vida para recordar

- ↬ La oración y la obediencia a Dios constituyen el método bíblico para superar todos sus problemas (ver 2 Crónicas 7:14; Filipenses 4:6-7).
- ↬ Usted puede permanecer firme en su fe con solo someter completamente a Dios todos los detalles de su vida (ver Santiago 4:7-10).
- ↬ Tener un plan de batalla centrado en la oración le ayudará a responder de manera efectiva cuando surjan circunstancias problemáticas (ver Lucas 18:1-8).

PRINCIPIO DE VIDA 9

Confiar en Dios quiere decir ver más allá de lo que podemos, hacia lo que Dios ve

«Y oró Eliseo, y dijo: "Te ruego, oh Jehová, que abras sus ojos para que vea". Entonces Jehová abrió los ojos del criado, y miró; y he aquí que el monte estaba lleno de gente de a caballo, y de carros de fuego alrededor de Eliseo».

2 Reyes 6:17

Preguntas de la vida

Usted no sabe qué le deparará el día de mañana. Aunque esta realidad pueda ocasionarle algo de ansiedad, si usted tiene fe en Dios, *debería* traerle esperanza. Dios ve el mañana (*todos* sus mañanas) y puede prepararle para todo lo que tenga por delante. Entonces, ¿qué le hace temer al pensar en el futuro? ¿Será un conflicto lo que le intimida? ¿Duda de que algún día se cumplirán los deseos de su corazón? ¿Se encuentra en una situación malsana y teme que nunca cambiará?

La Biblia es clara en cuanto a que usted no debe ceder ante el miedo ni ante la ansiedad. Jesús ordenó: «No se turbe vuestro corazón, ni tenga miedo» (Juan 14:27). Pero cuando se enfrenta a las incertidumbres de la vida, eso puede ser difícil de hacer. Sin embargo, es en esos momentos cuando el mandato de Dios es más pertinente: ¡*No tema!* El Señor le proporciona todos los recursos que necesita para vencer el miedo. A usted le corresponde confiar en que Dios ve más allá de lo que usted ve y en que está obrando en maneras que usted no puede imaginar.

Las circunstancias de su vida pueden ser verdaderamente abrumadoras, pero los recursos de Dios son aún mayores y más poderosos de lo que usted pueda imaginar. Dios sabe lo que está por venir y está listo para enfrentarlo. Por lo tanto, ponga su fe en Él y obedezca todo lo que le diga. Como enseña el Principio de vida 9: *Confiar en Dios quiere decir ver más allá de lo que podemos, hacia lo que Dios ve.*

Lo que la Biblia dice

1. Lea 2 Reyes 6:8-23. ¿Cómo supo Eliseo dónde iban los sirios a emboscar a los israelitas (ver vv. 9-12)?

Elías, el mentor de Eliseo, fue llevado al cielo,
y antes de partir, Eliseo le pidió una doble
porción de su espíritu (ver 2 Reyes 2:9-11).

2. ¿Cuál fue la reacción del rey de Siria al darse cuenta de que Eliseo supo sus planes secretos? ¿Cómo habrías reaccionado si fueras el siervo de Eliseo (ver vv. 12-15)?

3. ¿Cree que a Eliseo lo tomó por sorpresa la presencia del ejército sirio? ¿Por qué o por qué no?

4. ¿Por qué cree que Eliseo sí pudo ver a los ejércitos de Dios, pero el criado no (ver vv. 16- 17)?

5. El ejército sirio salió a la caza de Eliseo y terminó siguiéndolo a Samaria. ¿Por qué cree que accedieron a seguir sus pasos (ver vv. 19-20)?

Aunque siempre pensamos en Jerusalén como la capital de Israel, al final del reinado de Salomón (922 a. C.) la nación se dividió en dos reinos: Israel y Judá. Jerusalén siguió siendo la capital de Judá, mientras que Samaria se convirtió en la capital de Israel. Eliseo guio al ejército sirio casi 20 kilómetros, de Dotán al corazón de Israel.

Lo que significa

Juzgar cualquier situación desde su punto de vista limitado implica que usted no ve el cuadro completo. Eliseo así lo entendió y por eso anhelaba tanto escuchar todo lo que Dios tuviera a bien decirle. El profeta decidió mirar más allá de lo que podía ver a la realidad del Señor, y cuando lo hizo, «he aquí que el monte estaba lleno de gente de a caballo, y de carros de fuego» (2 Reyes 6:17). Por esa razón Dios le mostró cosas asombrosas e hizo milagros por medio de él.

Ejemplos de vida

1. Lea 1 Corintios 2:9-16. ¿Por qué Pablo incluye ojos, oídos y el corazón en el versículo 9? ¿Qué sugiere esto acerca de la perspectiva de Dios y la de usted?

2. ¿Cuál es la única forma de saber lo que Dios está haciendo en nuestras vidas (ver v. 10)?

«La comunión íntima de Jehová es con los que le temen, y a ellos hará conocer su pacto» (Salmos 25:14).

3. ¿Por qué Dios se comunica con nosotros por medio del Espíritu (ver vv. 11-13)?

4. ¿Qué pensará la gente del mundo al conocer los planes de Dios (ver vv. 11-13)? ¿Por qué?

5. ¿Si ha aceptado a Cristo como su Salvador, por qué deberían tener sentido para usted los planes de Dios (ver vv. 15-16)?

Viva el principio

¿Cómo se enteró Eliseo de los planes de los sirios y cómo supo que el ejército del Señor lo protegía? Porque escuchó al Espíritu de Dios. Tal vez usted crea que es difícil prestar atención a Dios cuando confronta problemas abrumadores, sobre todo si la solución parece imposible. Como sucedió con el criado de Eliseo, su mente busca la manera de hacer frente a lo que alcanza a ver y exclama con angustia: «¿Yo qué puedo hacer?».

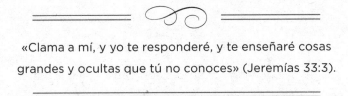

«Clama a mí, y yo te responderé, y te enseñaré cosas grandes y ocultas que tú no conoces» (Jeremías 33:3).

Lo primero que usted debe hacer es cerrar los ojos, porque en esos momentos no le sirven para nada. Olvídese de medir sus problemas basándose en su capacidad para resolverlos, porque el enemigo usará sus sentidos terrenales para exagerar lo que sucede con el fin de desalentarle. Luego debe abrir sus ojos espirituales y concentrar su atención en Dios. Adórelo. Lea su Palabra. Ore. Recuerde cómo ha ayudado a otros en el pasado y agradézcale porque la sabiduría y el poder asombrosos que estuvieron a disposición de ellos también están a su alcance. Dios está listo, está dispuesto y es capaz de rescatarle de las garras de la derrota y hará todo lo necesario para llevarle al triunfo, si usted le obedece.

¿Cómo pondrá usted en práctica esta semana el Principio de vida 9? Piense cómo enfocará su mente y su corazón en lo que pueda ver y no en usted mismo. Después, pase tiempo en oración para que Dios le permita tener comunión íntima con Él y para que transforme su vida, a fin de que usted pueda impactar favorablemente al mundo para el reino de Dios.

Lecciones de vida para recordar

- ✿ Recuerde las victorias pasadas (ver Salmos 145:5-7).
- ✿ Reconozca la verdadera naturaleza de la batalla (ver Salmos 20:6-8).
- ✿ Apóyese en el poder de Dios (ver Salmos 66:3-5).

PRINCIPIO DE VIDA 10

Si es necesario, Dios moverá cielo y tierra para mostrarnos su voluntad

«¡Oh Dios nuestro! [...] en nosotros no hay fuerza contra tan grande multitud que viene contra nosotros; no sabemos qué hacer, y a ti volvemos nuestros ojos».
2 CRÓNICAS 20:12

Preguntas de la vida

¿Cuál es la voluntad de Dios para su vida? ¿Tiene usted la respuesta, o más bien piensa: *¡Qué buena pregunta!* Quizá usted sepa cómo lo está dirigiendo Dios en ciertos aspectos de su vida y se ha comprometido a seguirlo. Sin embargo, se enfrenta a otras situaciones en las que no tiene ni idea de qué hacer y le gustaría que Dios le indicara el curso de acción que debe seguir, por lo que se pregunta: *¿A qué se debe que para mí la voluntad de Dios parece oculta? ¿Puedo saber a ciencia cierta qué ha planeado Dios para mí?*

¡Sí, lo puede saber! Dios no le oculta su voluntad. Como lo escribe Pablo, Dios quiere hacer que las riquezas de su gracia abunden para usted «en toda sabiduría e inteligencia» (Efesios 1:8). Él le ha dado a conocer «el misterio de su voluntad» y le ha dado «espíritu de sabiduría y de revelación en el conocimiento de él» (vv. 9, 17). El Señor ha provisto todo lo necesario por medio de su Espíritu, que mora en nosotros, para que pueda conocerlo profundamente, comprender sus caminos y ver el camino que propone para usted.

En medio de todos los detalles confusos y abrumadores de su mundo actual, Dios toma la iniciativa para enseñarle el camino a seguir. Él está comprometido a mostrarle cómo seguir el plan que ha diseñado para usted. Mientras tanto, usted puede llegar a comprender la verdad del Principio de vida 10: *Si es necesario, Dios moverá cielo y tierra para mostrarnos su voluntad.*

Lo que la Biblia dice

1. Lea 1 Reyes 16:30-33. ¿Qué clase de hombre fue Acab, el rey de Israel?

Acab fue el séptimo rey de Israel. Por medio de su esposa, Jezabel, introdujo a Israel la religión de los fenicios. Impuso las deidades de Tiro (Baal y Asera) como iguales a Jehová Dios y permitió que Jezabel matara a los profetas y sacerdotes de Dios.

2. Lea 2 Crónicas 17:3-4 y 18:1-3. Considerando los valores de Josafat, ¿cree usted que fue sabio al aliarse con Acab? ¿Por qué cree que lo hizo?

3. Lea 2 Crónicas 18:28-34. ¿Cómo mostró Dios a Josafat que la alianza con Acab *no* era su voluntad (ver vv. 31-34)?

4. Lea 2 Crónicas 19:1-3. ¿De qué otra manera confirmó Dios que Josafat se equivocó?

5. ¿Qué había hecho Josafat que era agradable a Dios? ¿Cuáles son los ídolos que usted necesita eliminar de su vida?

Lo que significa

No sabemos por qué Josafat decidió aliarse con Acab. Podría ser porque vio la oportunidad para reunificar los reinos de Israel y Judá y volver a tener un solo reino, como lo fue bajo el rey David. También es posible que haya pensado que una alianza con Israel fortalecería su posición militar o que aumentaría sus riquezas. Sea como fuere, Josafat no buscó a Dios ni dependió de Él para todo, y esa decisión casi le costó la vida.

Ejemplos de vida

1. Lea 2 Crónicas 20:1-30. ¿Qué amenaza terrible enfrentaba Judá (ver vv. 1-2)? ¿Cómo reaccionó Josafat a la crisis?

2. ¿Cuál fue el mensaje de Dios para Josafat (ver v. 15)?

3. ¿Por qué cree que Dios se negó a permitir que Josafat participara en la batalla?

4. La instrucción de Dios para Josafat demandaba una gran prueba de fe. ¿Cree usted que Josafat aprendió la lección en cuanto a confiar en Dios (ver v. 18)?

5. ¿Qué instrucciones dio Josafat al pueblo de Judá cuando Dios le concedió la victoria a Judá (ver vv. 20-22)? ¿Cuál es la conexión?

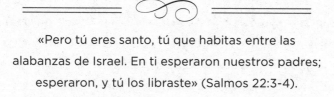

«Pero tú eres santo, tú que habitas entre las alabanzas de Israel. En ti esperaron nuestros padres; esperaron, y tú los libraste» (Salmos 22:3-4).

Viva el principio

Dios es el que comunica *su* voluntad y el que la cumple. Cualquiera sea el plan que revele, a su tiempo confirmará que todo está listo para que se cumpla. La responsabilidad de usted es, simplemente, obedecer a Dios *ahora mismo*. Dios tiene derecho de excluirle o incluirle en la batalla, según lo disponga.

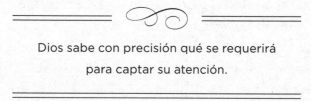

Dios sabe con precisión qué se requerirá
para captar su atención.

Si siente que la voluntad de Dios sigue siendo un misterio para usted, tal vez sea porque se la ha estado mostrando poco a poco. Dios conoce cada detalle de sus circunstancias y cómo se desarrollarán, pero no siempre revela todo de una vez. Más bien, usará cada situación como oportunidad para enseñarle a confiar en Él. Si usted no está dispuesto a esperar el momento que Dios ha designado, sino que insiste en recibir una respuesta sobre algo específico, eso prolongará su agonía y usted no madurará en su fe.

Otra razón por la que puede parecer que la voluntad de Dios está oculta es que no le ha obedecido en algún aspecto. Comprenda que no avanzará hasta que se someta a Él en todas las áreas. Como Josafat, usted debe someterse totalmente a Dios, ya sea que eso le demande enfrascarse en la batalla bajo su dirección o que deba permanecer al margen, observando su obra.

¿Cómo pondrá usted en práctica esta semana el Principio de vida 10? ¿Se le dificulta mucho discernir la voluntad de Dios? Examine las maneras en las que Dios ha querido captar su atención, sea por su espíritu intranquilo y ansioso, por una palabra hablada, por una bendición inesperada, por una oración no contestada o por desilusiones, problemas económicos o aflicciones. Después, pase tiempo en oración para que Dios le permita tener comunión íntima con Él y para que transforme su vida, a fin de que usted pueda impactar favorablemente al mundo para el reino de Dios.

Lecciones de vida para recordar

- ❧ Dios siempre sabe exactamente dónde se encuentra usted en su peregrinaje de fe (ver Romanos 8:29-30).
- ❧ Dios se ha comprometido a ayudarle a poner en práctica el plan que ha diseñado para usted (ver Jeremías 29:11-13).
- ❧ La clave para entender la voluntad de Dios es escucharlo (ver Isaías 30:19-21).

Dios asume toda la responsabilidad en cuanto a nuestras necesidades, si lo obedecemos

Y bendijo Jehová el postrer estado de Job más que el primero.
JOB 42:12

Preguntas de la vida

En momentos de grandes pérdidas o pruebas, usted puede sentirse tentado a cuestionar si realmente Dios se interesa por usted. Si ciertas cosas han ido terriblemente mal y descubre que hay necesidades en su vida que continúan sin satisfacerse, eso puede tocar un punto crucial en lo más profundo de usted. Puede estar batallando con pensamientos de duda o incertidumbre.

Usted cree que el Señor es Dios, el todopoderoso Creador y Sustentador del universo. Todavía cree que Dios es plenamente capaz de suplir sus necesidades. Lo ha visto cuidar de los demás. Ha leído pasajes de las Sagradas Escrituras que enseñan que Él ayuda a los necesitados. Por lo que surgen preguntas como: *¿Por qué Dios no me libra de todo esto? ¿Por qué ha permitido que me sucedan estos contratiempos? ¿Acaso no le he sido fiel? ¿Será que quiere ayudarme realmente?*

Sí, Él quiere. En efecto, Dios se deleita en suplir sus necesidades y concederle las peticiones de su corazón. Pero hay una condición: la completa sumisión y dependencia de Él. ¿Obedecer a Dios es la máxima prioridad en su vida? ¿Se está sometiendo completamente al Señor? ¿Está confiando en Él? Como lo establece el Principio de vida 11: *Dios asume toda la responsabilidad en cuanto a nuestras necesidades, si lo obedecemos.*

Lo que la Biblia dice

1. Lea Job 1:1-3 y 6-12. ¿Qué aseguró Satanás acerca de la motivación de Job para servir a Dios? ¿Por qué cree que Dios le permitió a Satanás que pusiera a prueba a Job (ver vv. 8-12)?

2. Lea Job 1:13-22. ¿Qué opina de la reacción de Job ante la adversidad (ver vv. 20-21)?

3. Lea Job 2:1-10. ¿Por qué cree que Job pudo mantenerse firme en medio de su dolor y sus terribles pérdidas (ver v. 10)?

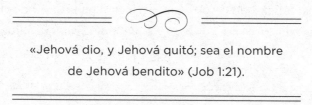

«Jehová dio, y Jehová quitó; sea el nombre
de Jehová bendito» (Job 1:21).

4. Lea Job 42:1-17. ¿Cuál fue la necesidad que Dios concedió a Job
que no había podido satisfacer todo lo que perdió (ver v. 5)?

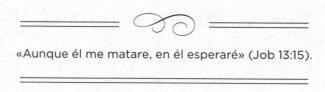

«Aunque él me matare, en él esperaré» (Job 13:15).

5. ¿Por qué Job tuvo que perder tanto antes de llegar a esta
profunda comprensión de Dios? ¿Por qué cree usted que Dios le
dio el *doble* de lo que tenía antes (vv. 10, 12)?

Lo que significa

Job obedeció a Dios, pero, aun así, le ocurrieron cosas malas. ¿Por
qué? ¿Fue solo para probarle algo a Satanás o habría una razón más
importante? Dios estaba supliendo necesidades más urgentes en la
vida de Job que nosotros no alcanzamos a comprender. Recuerde el
Principio de vida 1: *Nuestra intimidad con Dios, que es su prioridad para
nosotros, determina el impacto que causen nuestras vidas.* Dios asumió toda

la responsabilidad de llevar a Job a relacionarse con Él de la manera más profunda que fuera posible. Además, por el ejemplo de obediencia de Job, muchos han sido motivados en tiempos de adversidad.

«Más él conoce mi camino; me probará, y saldré como oro. Mis pies han seguido sus pisadas; guardé su camino, y no me aparté» (Job 23:10-11).

Ejemplos de vida

1. ¿Qué cree que habría hecho si hubiera estado en el lugar de Job? ¿Cree que su fe habría resistido todas esas pruebas? Explique.

2. Lea Lucas 11:9-13. ¿Cuál es la promesa de Dios para usted (ver vv. 9–10)?

3. ¿Qué puede usted esperar de Dios (ver vv. 11-12)?

4. ¿Por qué puede contar con que Dios le dé lo mejor que tiene reservado para usted (ver v. 13)?

5. ¿Cómo describiría su nivel de fe en Dios en cuanto a satisfacer sus necesidades? ¿Qué aliento recibe de este pasaje?

Viva el principio

Confiar en Dios requiere que se plantee dos interrogantes en su corazón: Primero: ¿*puede* Dios ayudarle? ¿Cree usted que Él es completamente *capaz* de intervenir en su situación? ¿Tiene confianza en Aquel que estableció los fundamentos de la tierra (ver Génesis 1), que sacó a los israelitas de Egipto y abrió el mar Rojo (ver Éxodo 14:13-31) y que derrotó a la muerte para salvarle de sus pecados y prepararle una morada en el cielo (ver 1 Corintios 15)?

Segundo: ¿*quiere* Dios ayudarle? Pablo responde esa pregunta por usted: «El que no escatimó ni a su propio Hijo, sino que lo entregó por todos nosotros, ¿cómo no nos dará también con él todas las cosas?» (Romanos 8:32). Dios tiene tanto la capacidad como la voluntad para suplir *todo* lo que usted necesite. Por consiguiente, si aún hay carencias en su vida dedique tiempo en oración a pedirle a Dios que le ayude a entender lo que Él desea enseñarle. Quizás haya algo en su vida que debería ser desechado o tal vez Dios esté supliendo una necesidad más profunda, como lo hizo en el caso de Job.

«Mi Dios, pues, suplirá todo lo que os falta conforme a sus riquezas en gloria en Cristo Jesús» (Filipenses 4:19).

¿Cómo pondrá usted en práctica esta semana el Principio de vida 11? ¿Tiene alguna necesidad urgente que Dios le provea? ¿Está Dios tratando de revelarle algo especial? Reflexione sobre las maneras en que puede seguir siendo fiel a Dios como lo hizo Job, aun cuando no entienda lo que esté sucediendo. Después, pase tiempo en oración para que Dios le permita tener comunión íntima con Él y para que transforme su vida, a fin de que usted pueda impactar favorablemente al mundo para el reino de Dios.

Lecciones de vida para recordar

- ❧ Dios puede suplir todas sus necesidades (ver Salmos 65:4-6).
- ❧ La integridad y el amor de Dios garantizan que cumplirá sus promesas (ver Salmos 37:25-28).
- ❧ Dios obrará por medio de usted para satisfacer las necesidades de otros en este mundo (ver Hebreos 13:16).

PRINCIPIO DE VIDA 12

La paz con Dios es fruto de nuestra unidad con Él

En paz me acostaré, y asimismo dormiré;
Porque solo tú, Jehová, me haces vivir confiado.

SALMOS 4:8

Preguntas de la vida

En la noche, mientras todo está en silencio, pueden acosarle pensamientos inquietantes. Usted desea dormir y obtener el descanso que necesita, pero sus responsabilidades y problemas colman su mente. Trata de enfocarse en algo distinto (contar ovejas o el tictac del reloj), pero no puede impedir el tormento de sus ansiedades ni logra conciliar el sueño. En esos momentos daría *cualquier cosa* por una paz genuina y relajante para el alma.

¿Ha pasado noches sin dormir, a solas con sus pensamientos perturbadores? ¿Ha repetido, en su mente, escenarios que desearía poder olvidar? ¿Ha luchado en esos momentos agobiantes, preguntándose por qué su mente no puede serenarse y descansar? Usted sabe en su corazón que Jesús prometió: «La paz os dejo, mi paz os doy; yo no os la doy como el mundo la da. No se turbe vuestro corazón, ni tenga miedo» (Juan 14:27).

Por tanto, ¿por qué es tan difícil alcanzar esa paz? ¿Por qué parece algo tan elusivo? En verdad, la paz es un regalo de Dios para usted, pero no puede conseguirla sin tener una relación cercana e íntima con Él, tal como lo dice el Principio de vida 12: *La paz con Dios es fruto de nuestra unidad con Él.*

Lo que la Biblia dice

1. Lea 2 Samuel 19:9-15 y 40-43. ¿Por qué protestaba el pueblo de Israel?

Cuando los israelitas hablaban de que «tenemos en el rey diez partes» (2 Samuel 19:43), se referían a las diez tribus. Había doce tribus de Israel en total, pero la tribu de Simeón estaba dentro de las fronteras de Judá (ver Josué 19:1) y se consideraba parte de Judá.

2. Lea 2 Samuel 20:1-7. Según el versículo 2, ¿qué tan generalizada fue la rebelión de Seba? ¿Qué tan seria le pareció esta rebelión a David (ver v. 6)?

3. Lea 2 Samuel 20:15-22. ¿Qué giro le dio Dios a la rebelión de Seba para restaurar la paz en Israel?

4. Lea el Salmo 4. ¿Por qué fue importante para David recordar que Dios lo había librado de su angustia en el pasado (ver vv. 1, 3)?

Algunos eruditos creen que el Salmo 4 fue escrito durante la rebelión de Seba o mientras Saúl perseguía a David. Otros creen que el Salmo 4, al igual que el 3, fue escrito por David durante la rebelión de su hijo Absalón. No obstante, vemos que para David no importaba quién tratara de perjudicarlo, él confiaba en Dios para estar en paz.

5. ¿Qué puede usted aprender de los versículos 7-8 en cuanto a la relación de David con Dios? ¿A qué se debió que la relación de David con Dios le daba paz?

La palabra *paz* en hebreo, *shalom*, significa *plenitud, totalidad, realización, unidad* y *armonía*, como resultado de la presencia de Dios.

Lo que significa

Considerando que David tenía tantos enemigos, es difícil imaginar que pasara una noche tranquila. Sin embargo, David sabía que podía apoyarse en Dios para vivir con seguridad y paz. Eso fue como consecuencia de andar con el Señor fielmente. David se esforzaba en obedecer a Dios y en enfocarse continuamente en Él, y por esa razón tuvo paz hasta en las peores situaciones.

Ejemplos de vida

1. Lea Isaías 26:3-4. ¿Alguna vez ha pasado un tiempo prolongado en oración y adoración, meditando en la Palabra de Dios y disfrutando de la presencia del Señor?

2. ¿Dios le llenó de paz como resultado de esa experiencia? Explique su respuesta.

3. ¿Por qué habría de llenarle de paz el hecho de mantener su enfoque en Dios?

4. Lea Mateo 5:9. ¿Qué significa ser pacificador? ¿Por qué cree que Jesús dice que esas personas son bendecidas?

5. ¿Cómo mantiene la paz de Dios como algo firme en su vida? ¿Cómo la usa para proteger continuamente su corazón y su mente?

Viva el principio

¿Anhela usted una paz profunda y duradera? ¿Necesita su alma descanso de las preocupaciones y las tensiones que le rodean? Su ansiedad es un síntoma revelador de que su vista no está enfocada en lo que debiera, ya que, en lugar de regocijarse en la fortaleza, la sabiduría y el amor de Dios, ha dejado que su atención se consuma en los detalles de sus circunstancias. Está tan ocupado, tratando de «buscar solución» a su problema, que se le ha olvidado que la única solución efectiva es que usted se someta por completo a Dios. Recuerde lo que dijo el Señor Jesús: «Estas cosas os he hablado para que en mí tengáis paz. En el mundo tendréis aflicción; pero confiad, yo he vencido al mundo» (Juan 16:33).

Por consiguiente, usted debe aprender a pensar de otra manera, como instruye el apóstol Pablo en Romanos 12:2: «transformaos por medio de la renovación de vuestro entendimiento». Lo más importante es iniciar cada día conectándose con Dios mediante la lectura de su Palabra y la oración. Su tiempo con Dios le impartirá la dirección, las fuerzas y el enfoque que necesita y le llenará de la certidumbre que su corazón tanto anhela.

La palabra *paz* en griego, *eirene*, significa *unir*.
Es la armonía, la seguridad y la alegría que
provienen de una relación con Jesucristo.

¿Cómo pondrá usted en práctica esta semana el Principio de vida 12? Medite en las pruebas que está confrontando y cómo puede dar mayor impulso a su «unidad» con Cristo. Después, pase tiempo en oración para que Dios le permita tener comunión íntima con Él y para que transforme su vida, a fin de que usted pueda impactar favorablemente al mundo para el reino de Dios.

Lecciones de vida para recordar

- ✤ Solo Dios cuenta con todos los recursos para resolver nuestros problemas (ver Salmos 62:5-7).
- ✤ Aceptar el plan y la instrucción de Dios es vital para disipar la ansiedad (ver Habacuc 2:1-3).
- ✤ Cuando sobrevienen las pruebas, el lugar más seguro es en los brazos eternos del Señor Jesucristo (ver Deuteronomio 33:27).

PRINCIPIO DE VIDA 13

Escuchar a Dios es esencial
para andar con Él

«Oye, pueblo mío, y te amonestaré.
Israel, si me oyeres».
SALMOS 81:8

Preguntas de la vida

¿Alguna vez ha estado en una situación en la que nadie le hizo caso, a pesar de que usted sabía exactamente de qué estaba hablando? Para usted la solución a un problema le parecía obvia, pero los demás estaban tan empeñados en dar a conocer sus opiniones y quejas que no logró decir siquiera una palabra. Trató de razonar con ellos, pero rehusaron oírlo.

Eso frustra a cualquiera, ¿no lo cree? Imagínese lo que será para Dios en el cielo, con todo su conocimiento amplio y profundo sobre cualquier asunto en el universo. Él tiene la sabiduría que necesitamos para resolver todos nuestros problemas, hasta los que nos parecen imposibles. Está dispuesto a ayudarnos con todos los recursos que solo Él puede proveer. Tristemente, muchas veces inclinamos el rostro para comunicarnos con el Señor y solo nos limitamos a hablar.

¿Es esto lo que usted hace? ¿Sus conversaciones con Dios han sido unilaterales? ¿Le ha enumerado sus necesidades en lugar de escuchar la instrucción divina? El Principio de vida 13 es muy claro a ese respecto: *Escuchar a Dios es esencial para andar con Él.* Si en verdad desea una relación con Dios, tiene que escucharlo. Si quiere que transforme su vida, necesita poner atención a lo que Dios le diga.

Lo que la Biblia dice

1. Lea el Salmo 81. ¿Por qué cree que para los israelitas era importante recordar todo el bien que Dios había hecho por ellos en la luna nueva, el sábado y otros días festivos (ver vv. 1-7; ver también Deuteronomio 4:7-10)?

La *nueva luna* señalaba el principio de cada mes, cuando los israelitas debían dar sus ofrendas a Dios. Era una celebración por todo lo que Dios había hecho por ellos (Números 10:10; 28:11-15).

2. Cuando usted ora, ¿cómo le ayuda el hecho de recordar lo que Dios le ha suplido?

3. ¿Qué quería Dios de parte de Israel? ¿En qué modo fue misericordioso con sus mandamientos (ver vv. 8-10, 13-16)?

4. ¿Cómo respondió el pueblo a Dios (ver vv. 11-12)?

5. ¿Por qué cree que Israel se negó a escuchar al Señor? ¿Le falla usted al Señor en cuanto a oírlo por razones parecidas? Explique.

Lo que significa

Dios quiere lo mejor para sus hijos y sabe exactamente cómo suplirlo. Por desdicha, el pueblo de Israel no confió lo suficiente en Él como para adoptar lo que pacientemente les enseñaba, por lo que ellos sufrieron una y otra vez las consecuencias terribles de su desobediencia. Rehusaron escuchar a Dios pensando que al hacerlo eludirían su control, y lo único que lograron fue desechar su protección y su amor. No cometa el mismo error que ellos. Los mandatos de Dios son para su beneficio. Proverbios 1:7, 33 dice: «El principio de la sabiduría es el temor de Jehová [...] el que me oyere, habitará confiadamente y vivirá tranquilo, sin temor del mal».

Ejemplos de vida

1. Lea Eclesiastés 5:1-3. ¿Cuál debe ser su actitud al acudir a Dios en oración?

2. Lea Mateo 6:5-8. ¿A qué se refirió el Señor Jesús al decir que los hipócritas ya tenían su recompensa (ver v. 5)?

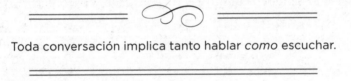

Toda conversación implica tanto hablar *como* escuchar.

3. ¿Por qué cree que su oración debe hacerse en secreto, pero la recompensa de Dios en público (ver v. 6)?

4. ¿Qué dice Jesús sobre el uso de muchas palabras al orar (ver v. 7)?

5. Si Dios ya «sabe de qué cosas tenéis necesidad, antes que vosotros le pidáis» (v. 8), ¿por qué, entonces, debemos acudir a Él en oración?

Viva el principio

¿Se da usted cuenta del enorme privilegio del que disfruta al poder acudir a Dios en oración? En cualquier momento, usted tiene libertad de acercarse al Dios de toda la creación para implorar su sabiduría, su consuelo y su poder. «Porque no tenemos un sumo sacerdote que no pueda compadecerse de nuestras debilidades, sino uno que fue tentado en todo según nuestra semejanza, pero sin pecado. Acerquémonos, pues, confiadamente al trono de la gracia, para alcanzar misericordia y hallar gracia para el oportuno socorro» (Hebreos 4:15-16).

El Señor Jesucristo entiende todo lo que usted experimenta y todo lo que siente. Él desea ayudarle a sobrellevar sus problemas para que glorifique a Dios y se transforme en un creyente ejemplar y sensato. Sin embargo, no puede ayudarle si usted no anda con Él, ni puede andar con Él si impide que le guíe. Y, desafortunadamente, Él no puede guiarle si se niega a escucharlo y a obedecer sus instrucciones.

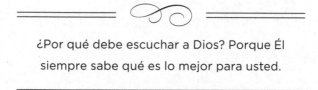

¿Por qué debe escuchar a Dios? Porque Él
siempre sabe qué es lo mejor para usted.

¿Cómo pondrá usted en práctica esta semana el Principio de vida 13? ¿Está dispuesto a guardar silencio ante Dios y escuchar lo que Él tenga a bien decirle? Implemente un plan de acción para escuchar resueltamente a Dios y comprometerse a obedecerlo sin importar lo que le

ordene. Después, pase tiempo en oración para que Dios le permita tener comunión íntima con Él y para que transforme su vida, a fin de que usted pueda impactar favorablemente al mundo para el reino de Dios.

Lecciones de vida para recordar

- Dios habla de muchas maneras, pero hay que estar dispuesto a escucharlo (ver Hebreos 1:1-3).
- Dios siempre da instrucciones para bendecir a sus hijos (ver Isaías 51:1-16).
- La decisión es de usted en lo que se refiere a obedecer la voz de Dios o las mentiras del enemigo (ver Josué 24:15).

Dios actúa a favor de quienes esperan en Él

«Ni nunca oyeron, ni oídos percibieron, ni ojo ha visto a Dios fuera de ti, que hiciese por el que en él espera».

ISAÍAS 64:4

Preguntas de la vida

Esperar no es muy agradable. Despertar cada día esperando recibir alguna noticia positiva en cuanto a un asunto pendiente produce frustración y si no la hay, la solución parece prolongarse demasiado. Con razón Proverbios 13:12 nos dice que «la esperanza que se demora es tormento del corazón». Cuanto más espere usted antes de ver su deseo realizado, más desanimado se sentirá. Así sucede, por supuesto, a menos que su esperanza y su confianza estén centradas únicamente en Cristo.

En Miqueas 7:7, el profeta escribe: «Mas yo a Jehová miraré, esperaré al Dios de mi salvación; el Dios mío me oirá». Esperar es, en realidad, gran parte de su caminar en fe. Dios usará los tiempos de espera para reenfocar su actitud, eliminar los obstáculos que impiden que se cumpla lo que Él tiene dispuesto para usted y preparar el camino para que dé el siguiente paso. Cuando usted muestra su fe en el plan de Dios, reconoce que Él es el Señor de su vida.

Una de las lecciones más difíciles que usted aprenderá como cristiano es esperar en Dios. No obstante, es crucial que entienda que eso es muy importante. El conocimiento que Dios tiene de su situación es perfecto y también lo es su tiempo. Él se asegurará de que usted esté completamente preparado para las bendiciones que le tiene reservadas. Por lo tanto, asegúrese de mantener sus ojos en Él y acoja el Principio de vida 14: *Dios actúa a favor de quienes esperan en Él.*

Lo que la Biblia dice

1. Lea Isaías 63:7-14. ¿Cómo describe Isaías a Dios (ver vv. 7-9)?

2. ¿Cómo respondió el pueblo ante la bondad de Dios? ¿Por qué disciplina Dios a su pueblo (ver v. 10; ver también Hebreos 12:5-11)?

3. ¿Qué hizo el pueblo después que Dios lo disciplinó (ver vv. 11-13)?

Isaías ministró en Judá entre 740 y 681 a. C. y profetizó acerca del cautiverio babilónico que sucedería un siglo más tarde, en 597 a. C. Además, los babilonios destruirían el templo de Jerusalén en 586 a. C. (ver Isaías. 63:18). En Isaías 63:7—64:12, el profeta da gracias a Dios por su misericordia para rescatar a su pueblo del cautiverio.

4. Lea Isaías 63:15-19. ¿Cómo se sintió el pueblo de Judá mientras estuvo cautivo en Babilonia? ¿Cuándo se ha sentido así?

5. Lea Isaías 64:1-4. ¿Qué le pidió Isaías a Dios que hiciera (ver vv. 1-3)? ¿Qué otra esperanza le quedaba al pueblo (ver v. 4)?

Lo que significa

Aunque es cierto que Dios tenía preparado su juicio para el reino de Judá, también dispuso la liberación de aquellos que se mantuvieran obedientes a Él. Ellos esperaron en Dios porque su única esperanza era que los rescatara. Por dicha, su esperanza fue segura porque Dios fue fiel al llevarlos de vuelta a Jerusalén en el momento indicado, cuando sus corazones se tornaron a Él. Como lo prometió Dios en Isaías 49:23: «Conocerás que yo soy Jehová, que no se avergonzarán los que esperan en mí».

Ejemplos de vida

1. Lea Isaías 40:27-31. ¿Qué espera usted en este momento?

2. ¿Siente que su situación «está escondida» del Señor (ver v. 27)? Explique.

3. ¿Qué hace Dios por usted mientras espera (ver v. 29)?

Cuando espere en el Señor, hágalo con expectación
jubilosa y esperanza confiada en lo que Él
hará, pues le dará lo mejor de lo mejor.

4. Dios comprende cuán difíciles son para usted las largas esperas (ver v. 30). ¿Cómo le anima eso?

5. ¿Qué promesa le hace Dios si se propone esperar en Él (ver v. 31)?

Viva el principio

Durante su temporada de espera, usted puede sentirse perdido, desalentado, sin motivación. También puede sentirse como si Dios se hubiera olvidado de usted. Pero no es así. Dios sigue actuando y en este mismo instante está arreglando sabiamente su situación para darle lo mejor. De hecho, estará alineando sus circunstancias mucho mejor de lo que usted podría imaginarse (ver Efesios 3:20-21), y usted se maravillará al ver lo que ha hecho a su favor.

Sin embargo, debe ser paciente hasta que su plan se cumpla a su debido tiempo. No intente adelantarse a Dios. Aunque las demoras le resulten muy difíciles de soportar, en realidad, aumentan su fe en el Señor, porque «la fe [es] la certeza de lo que se espera, la convicción de lo que no se ve» (Hebreos 11:1). Así que mire a Dios, fortalézcase en su Palabra y en su amor, y viva plenamente confiado en que está actuando a favor suyo. Esperar en Dios no significa sentarse a hacer cualquier cosa, sino continuar en su posición actual hasta que le dé más instrucciones. Mientras siga obedeciéndolo, continuará caminando en la dirección correcta.

«Alma mía, en Dios solamente reposa, porque de él es mi esperanza. Él solamente es mi roca y mi salvación. Es mi refugio, no resbalaré. [...] Esperad en él en todo tiempo, oh pueblos; derramad delante de él vuestro corazón; Dios es nuestro refugio» (Salmos 62:5-6, 8).

¿Cómo pondrá usted en práctica esta semana el Principio de vida 14? Medite en las ocasiones en que ha esperado mientras Dios interviene y cómo actuó Él a su favor. Después, pase tiempo en oración para que Dios le permita tener comunión íntima con Él y para que transforme su vida, a fin de que usted pueda impactar favorablemente al mundo para el reino de Dios.

Lecciones de vida para recordar

- Cuando usted espera descubre la voluntad de Dios en los aspectos que más necesita (ver Isaías 30:18).
- Cuando usted espera, recibe energía física y fuerzas sobrenaturales (ver Salmos 27:13-14).
- Cuando usted espera, ve a Dios actuando a su favor (ver Salmos 40:1-3).

PRINCIPIO DE VIDA 15

El quebrantamiento es el requisito de Dios para que seamos útiles al máximo

«Si te convirtieres, yo te restauraré, y delante de mí estarás;
y si entresacares lo precioso de lo vil, serás como mi boca».
JEREMÍAS 15:19

Preguntas de la vida

A veces parece que nada tiene sentido. Usted busca a Dios y procura serle obediente, pero los problemas y las aflicciones le acechan a cada paso. Quizás pensó que tan pronto aceptara a Cristo como su Salvador su vida sería más fácil, pero ha visto que es todo lo contrario. Además, no solo tiene que lidiar con los problemas que el mundo ponga en su camino, sino que también sabe que debe honrar a Dios al reaccionar ante ellos.

En su interior ha llegado a comprender que no tiene las fuerzas suficientes para vivir la vida santa a la que Cristo le ha llamado. ¡Magnífico! Dios jamás ha deseado que su vida cristiana dependa de sus esfuerzos personales. Las pruebas que experimenta son parte del proceso de quebrantamiento por el cual Dios le libera de su autosuficiencia para que Cristo viva en usted y por medio de usted. Él quiere usar la adversidad que usted está enfrentando como parte de su milagroso plan para convertirle en la persona que quiere que usted sea.

Es a través del quebrantamiento que Dios le enseña a dejar de depender de usted mismo, le enseña a comenzar a buscar en Él sabiduría y fortaleza, y a descubrir lo que ha planeado para usted. Es por medio del quebrantamiento que usted alcanza la plenitud. Esta es la razón por la que el Principio de vida 15 enseña que *el quebrantamiento es el requisito de Dios para que seamos útiles al máximo.*

Lo que la Biblia dice

1. Lea 2 Reyes 21:1-16. ¿Cómo afectó a Judá el pecado de Manasés (ver vv. 9-12, 16)?

2. Lea Jeremías 15:4-6. ¿Cuál fue el juicio de Dios en contra de Judá?

Jeremías fue profeta en Judá entre 627 y cerca de 586 a. C.
Aunque estuvo activo *después* del reinado de Manasés (de
685 a 630 a. C.), la corrupción de la idolatría de ese malvado
rey persistió por mucho tiempo en Judá (ver Éxodo 20:4-5;
Jeremías 15:4). El castigo de Dios contra Judá fue el cautiverio
babilónico. El arduo deber del profeta consistió en advertir
al pueblo tocante al juicio que vendría en contra de ellos.

3. Lea Jeremías 15:15-21. ¿Cómo reaccionó el profeta al veredicto de
Dios (v. 15)?

4. ¿Qué era lo que más le preocupaba a Jeremías en cuanto al juicio
de Dios? ¿Cuál fue la promesa de Dios a Jeremías (ver vv. 18-21)?

5. ¿Cómo cree que Dios convertiría a Jeremías en un «muro
fortificado de bronce» (ver v. 20; ver también Jeremías 1:18-19)?

Nada podía impedir el juicio de Dios, pero Jeremías seguía proclamando la verdad a los que perecerían, con la esperanza de que se arrepintieran y fueran salvos (ver Jeremías 18:8).

Lo que significa

Jeremías fue un hombre muy piadoso que tuvo que soportar las consecuencias del pecado de Manasés, si bien no tuvo nada que ver con la maldad del rey. Aun así, Dios utilizó la presión para convertir a Jeremías en su vocero especial y, desde entonces, sus palabras han perdurado a lo largo de los siglos y han traído esperanza a infinidad de personas que padecen persecución. Aunque la adversidad que experimente parezca no tener sentido, puede saber que Dios permitió esa prueba por una razón eterna, un propósito más allá de lo que puede ver en este momento. Usted puede estar *absolutamente* seguro de que Dios lo usará para bien suyo si se somete a Él y confía en Él (ver 1 Pedro 2:19-20).

Ejemplos de vida

1. Lea 2 Corintios 1:3-11. ¿Cómo describe Pablo a Dios en el versículo 3?

2. ¿Cómo le trata Dios a usted cuando padece debido a la adversidad (ver v. 4)?

3. ¿Para qué está Dios preparándole mientras le consuela (ver vv. 4-5)?

4. ¿Por qué la adversidad haría de usted un ministro más eficaz del evangelio (ver v. 6)?

5. ¿Cuál fue el propósito de su sufrimiento que Pablo descubrió (ver vv. 8-10)?

Viva el principio

Romanos 8:20-21 nos explica que «la creación fue sujetada a vanidad, no por su propia voluntad, sino por causa del que la sujetó en esperanza; porque también la creación misma será libertada de la esclavitud de corrupción, a la libertad gloriosa de los hijos de Dios». Dicho de otro modo, usted ha experimentado esas pruebas frustrantes para que pueda ser libre de la naturaleza de pecado que todavía persiste en su interior. Sí, usted fue perdonado de *todos* sus pecados cuando aceptó a Cristo como su Señor y Salvador. Sin embargo, la tendencia a *querer* pecar o actuar de manera egoísta, que no agrada a Dios, sigue presente en usted y Él debe librarle de ella.

Dios usa las pruebas por dos motivos: transformarle a la imagen de Cristo (ver Romanos 8:29; Efesios 5:1) y desarrollar su potencial como representante suyo en el mundo (ver Filipenses 3:9-10; Colosenses 1:24; Hebreos 2:18; 1 Pedro 4:12-16). Por con siguiente, entréguese a Dios y haga lo que dice 1 Pedro 4:19: «De modo que los que padecen según la voluntad de Dios, encomienden sus almas al fiel Creador, y hagan el bien».

«Porque convenía a aquel por cuya causa son todas las cosas, y por quien todas las cosas subsisten, que habiendo de llevar muchos hijos a la gloria, perfeccionase por aflicciones al autor de la salvación de ellos» (Hebreos 2:10).

¿Cómo pondrá usted en práctica esta semana el Principio de vida 15? Considere las pruebas a las que se enfrenta y cómo puede permanecer fiel y obediente a Dios. Después, pase tiempo en oración para que Dios le permita tener comunión íntima con Él y para que transforme su vida, a fin de que usted pueda impactar favorablemente al mundo para el reino de Dios.

Lecciones de vida para recordar

- ❧ Por medio del quebrantamiento, usted logra una nueva perspectiva de la misericordia y la provisión de Dios (ver Salmos 73:25-26).
- ❧ Por medio del quebrantamiento, desarrolla una comprensión más completa de usted mismo (ver Salmos 73:21-23).
- ❧ Por medio del quebrantamiento, crece su compasión y su comprensión por el sufrimiento de los demás (ver Hebreos 5:2).

PRINCIPIO DE VIDA 16

Todo lo que adquirimos fuera de la voluntad de Dios termina convirtiéndose en cenizas

«Te gozaste en el alma con todo tu menosprecio para la tierra de Israel, por tanto, he aquí yo extenderé mi mano contra ti, y te entregaré a las naciones para ser saqueada».

EZEQUIEL 25:6-7

Preguntas de la vida

La tentación se presenta frente a usted y le insinúa que caiga en sus garras. Se parece tanto a los deseos de su corazón, que casi no puede quitársela de la cabeza. Una alarma se activa dentro de su espíritu advirtiéndole que algo anda mal, pero la oportunidad es tan atractiva que se siente tentado a deshacerse de la advertencia. Así que se dice a sí mismo: *¿Por qué no? Después de todo, otras personas tienen mucho más. A Dios eso le tiene sin cuidado, ¿no es así?*

Su espíritu envía otra señal de advertencia. La Palabra de Dios deja en claro que a Él *sí* le importa. Usted también sabe que se enfrenta a un oponente habilidoso cuando se trata de engaños. Él tiene un plan que ha probado y perfeccionado a lo largo de las edades. Pero luego usted vuelve a mirar lo que quiere y la duda continúa. *¿Y si esta es mi única oportunidad de ser feliz? Dios no me negaría eso, ¿verdad? ¿Qué pasa si Dios nunca me da lo que realmente quiero?*

La verdad es que la fuente de su tentación, el objeto que parece el deseo de su corazón, nunca le satisfará. Al contrario, lo llevará a un territorio peligroso fuera de la voluntad de Dios para su vida. Por eso siempre debe recordar el Principio de vida 16: *Todo lo que adquirimos fuera de la voluntad de Dios termina convirtiéndose en cenizas.*

Por largos siglos, los amonitas trataron de sacar al pueblo de Dios de la Tierra Prometida (ver Jueces 11:12-16; 2 Samuel 10; 1 Crónicas 19-20:3; 2 Crónicas 27:5; Salmos 83:3-8). Por eso, cuando Dios reprendió a Judá por su pecado, solo tuvo que apartar su mano protectora de su pueblo y permitir que los amonitas lo atacaran. Pero Dios es justo con todos, y juzgó fielmente a los hijos de Amón por su iniquidad (ver Jeremías 49:1-6; Ezequiel 21:28-32; 25:1-7; Amós 1:13-15).

Lo que la Biblia dice

1. Lea Sofonías 2:8. ¿Cuáles eran las intenciones de los hijos de Amón con el pueblo de Dios?

2. Lea Ezequiel 21:28-32. Los amonitas por fin encontraron en los babilonios un aliado para lograr sus objetivos. ¿Cómo les advirtió Dios en contra de ayudar a los babilonios?

3. ¿Cómo convencieron los babilonios a los amonitas para que los ayudaran (ver v. 29)?

4. Lea 2 Reyes 24:1-4. ¿Por qué cree que los amonitas no atendieron a la advertencia de Dios?

5. Lea Ezequiel 25:1-7. ¿Qué fue especialmente alarmante sobre las actitudes de los amonitas cuando saquearon Judá (ver vv. 3, 6)? ¿Cuál fue la sentencia de Dios (ver vv. 4-7)?

Lo que significa

Los amonitas eran descendientes de Lot, sobrino de Abraham (ver Génesis 12:5; 19:36-38), así que no solo eran vecinos de los moradores de Judá e Israel, sino también parientes lejanos. Los amonitas habrían podido aprender a honrar a Dios y disfrutar de sus bendiciones. Lamentablemente, siempre estuvieron más interesados en poseer el territorio de sus parientes que en conocer a su Dios y debido a eso tuvieron un trágico final. Sin territorio, sin Dios, sin nación, quedaron en la ruina. Todo lo que tenían terminó convirtiéndose en cenizas, pese a que Dios les dio tiempo más que suficiente para arrepentirse. No cometa el mismo error que ellos.

El rey de Babilonia, Nabucodonosor, traicionó a Amón y atacó su ciudad capital alrededor del año 581 a. C. Amón nunca se recuperó y, finalmente, la nación desapareció. Durante el siglo III a. C, Ptolomeo II Filadelfo cambió el nombre de la ciudad a Filadelfia. Recibió su nombre actual —Amman, Jordania— en el siglo III.

Ejemplos de vida

1. Lea 1 Corintios 3:8-15. Cuando usted recibió a Cristo, ¿cuál fue la función que se le encomendó (ver vv. 8-11; ver también Efesios 2:19-22)?

2. ¿Qué debe usted tener presente en todas sus actividades diarias (ver v. 11)?

3. ¿Cuáles son las distintas motivaciones para realizar su labor (ver v. 12-13; ver también 4:5)?

4. ¿Qué tipo de obra permanecerá (ver v. 14)? ¿Qué es lo que se quemará?

5. Lea 1 Pedro 1:13-21. ¿A qué le desafía Pedro?

Viva el principio

¿Qué es lo que usted anhela? ¿Amor, riqueza, aceptación, estabilidad, prestigio o algo más? Si persigue eso aparte de la voluntad de Dios, lo que tendrá al lograr su meta será decepcionante y vacío, pues no solo terminará convirtiéndose en cenizas en sus manos, sino que le quemará en el proceso. Por esa razón, no ignore las señales de alarma en su interior porque el Espíritu Santo le estará advirtiendo que está a punto de hacer algo que más tarde lamentará.

Más bien, confíe en Dios y sea santo como Él es santo (ver 1 Pedro 1:15-16). Resista la tentación de ir tras los anhelos de su corazón con sus propias fuerzas. Recuerde que Dios le dará absolutamente lo mejor si confía en Él y lo obedece. Esas bendiciones no solo permanecerán, sino que serán para la gloria de Dios por toda la eternidad. Como escribió David: «Me mostrarás la senda de la vida; en tu presencia hay plenitud de gozo; delicias a tu diestra para siempre» (Salmos 16:11).

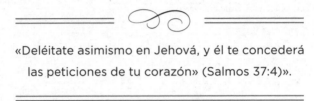

«Deléitate asimismo en Jehová, y él te concederá
las peticiones de tu corazón» (Salmos 37:4)».

¿Cómo pondrá usted en práctica esta semana el Principio de vida 16? ¿Sinceramente cree que la voluntad de Dios es lo mejor para usted? Explique su respuesta. Describa cómo puede estar seguro de que está en busca de la voluntad de Dios para resistir la tentación cuando se sienta atraído por ella. Pase tiempo en oración para que Dios le permita tener comunión íntima con Él y para que transforme su vida, a fin de que usted pueda impactar favorablemente al mundo para el reino de Dios.

Lecciones de vida para recordar

- ✤ Si se empeña en ir tras sus deseos en contraposición a la voluntad de Dios, terminará realmente desilusionado (ver Salmos 106:14-15).
- ✤ A medida que busque a Dios, Él le concederá las peticiones de su corazón (ver Salmos 37:5).
- ✤ El camino de Dios ofrece deleites y plenitud que duran para siempre (ver Salmos 16:11).

De rodillas somos más altos y más fuertes

Entró en su casa, y abiertas las ventanas de su cámara que daban hacia Jerusalén, se arrodillaba tres veces al día, y oraba y daba gracias delante de su Dios, como lo solía hacer antes.

DANIEL 6:10

Preguntas de la vida

Seguir a Dios no es cosa fácil. A semejanza de aquellos que persiguieron a los profetas y crucificaron a Cristo, en la actualidad el mundo reacciona en contra de quienes estén verdaderamente identificados con el Señor y dispuestos a seguir fieles a Él. Jesús explicó la razón: «Si a mí me han perseguido, también a vosotros os perseguirán; [...] Mas todo esto os harán por causa de mi nombre, porque no conocen al que me ha enviado. Si yo no hubiera venido, ni les hubiera hablado, no tendrían pecado; pero ahora no tienen excusa por su pecado» (Juan 15:20-22).

Cuando otras personas vean a Dios obrando a través de usted, tal vez se sientan molestos y arremetan en su contra o traten de arruinar su testimonio. Pueden hacer eso de manera sutil, como al hacer comentarios contra usted. Pueden decidir no dejar que sus hijos jueguen con los suyos. Es posible que busquen otras formas de menospreciarlo, involucrarlo en una pelea verbal o empañar su reputación.

¿Ha tenido problemas por ser cristiano? ¿Le ha resultado difícil congeniar con ciertas personas o desenvolverse en ciertas situaciones porque es seguidor de Cristo? Descubra, entonces, cómo se defendieron los santos de otros tiempos. En particular, como enseña el Principio de vida 17: *De rodillas somos más altos y más fuertes.*

Daniel, del linaje real de Judá, fue llevado cautivo a Babilonia siendo muy joven. Por sus talentos evidentes, lo reclutaron para servir en el palacio del rey (ver Daniel 1:3-4), donde no dejó de honrar y obedecer a Dios en todo lo que hizo. Ministró allí durante todo el cautiverio babilónico y un poco después (ca. 605 a 530 a. C.).

Lo que la Biblia dice

1. Lea Daniel 6:1-9. ¿Cómo se distinguió Daniel y cómo lo galardonó el rey por ello (ver v. 3)?

2. ¿Por qué cree usted que los gobernadores y los sátrapas querían eliminar a Daniel? ¿Qué tramaron ellos para tenderle una trampa (ver vv. 4-8)?

3. Lea Daniel 6:10-17. ¿Por qué razón desobedeció Daniel el edicto del rey (ver v. 10)? En vista del complot en su contra, ¿por qué cree que no fue más cauteloso al orar a Dios?

4. ¿Cómo reaccionó el rey al oír que Daniel había violado el edicto (ver vv. 14, 16)?

5. Lea Daniel 6:18-28. ¿Cómo honró Dios la fidelidad de Daniel (ver v. 22)? En última instancia, ¿qué resultado tuvo la obediencia de Daniel a Dios (ver vv. 26-28)?

Lo que significa

La fortaleza del carácter de Daniel era producto del tiempo que pasaba a solas con Dios. Daniel permaneció firme porque constantemente oraba a Dios y obedecía sus mandatos. No tenía los ojos puestos en sus enemigos ni en la posibilidad de ser despedazado por unos leones hambrientos. No le interesaba congraciarse con los gobernadores y los sátrapas ni trataba de hacer méritos políticos con el rey. Más bien, su atención total estaba enfocada en Dios. Sabía que no podía equivocarse si honraba a Dios, porque su Señor lo defendería.

Ejemplos de vida

1. ¿Qué conexión puede establecer entre el «espíritu superior» de Daniel (versículo 3), su fidelidad y su rutina diaria de oración?

2. ¿Qué le dice la historia de Daniel acerca de las personas que llevan una vida piadosa?

3. Lea 1 Pedro 5:6-11. ¿Cuál es la promesa de Dios para usted, si lo obedece (ver v. 6)?

4. ¿De qué «león» tiene que cuidarse cuando se somete a Dios (ver v. 8)?

5. Con base en el ejemplo de Daniel y el versículo 9, ¿qué ha aprendido acerca de combatir al enemigo? ¿Cuál será el resultado de su obediencia (ver vv. 10-11)?

¿Qué logrará usted si se somete a Dios? Él le *perfeccionará*, lo que quiere decir que le *corregirá, restaurará, completará y equipará*; le *confirmará*, es decir, le hará *tan sólido* como el *granito*, le *hará estable*, le *pondrá con firmeza* y *le hará constante*; le *fortalecerá*, que implica que le hará fuerte o *llenará de fuerzas*; y le *establecerá*, lo que indica que pondrá bases firmes a su fe y su futuro con Cristo.

Viva el principio

Arrodillarse ante Dios no es simplemente una postura física. Es la actitud del corazón en la que usted verdaderamente busca a Dios y se dispone a someterse al plan de Él para su futuro. A medida que pasa tiempo con Dios en oración, su relación con Él será cada vez más profunda y más íntima. Usted sentirá su poder en su vida y procederá a confiar en su intervención en cada situación. En lugar de preocuparse por los «leones» que le acechen, usted se enfocará cada vez más en el Señor y en cómo estará operando. Esto le dará seguridad y arrojo para confrontar sus problemas, porque usted vivirá confiado en que el plan de Dios para su vida se cumplirá.

La oración es la acción más poderosa que usted pueda llevar a cabo. En cada conflicto que surja, el enemigo tratará de convencerle de «no tomarlo muy en serio» o mantener en secreto su relación con Dios.

Sin embargo, Dios le impulsará a caminar más cerca de su presencia para que usted experimente su apoyo, crezca en la fe y sea un ejemplo radiante para que otros también crean en Él.

«Él es el Dios viviente y permanece por todos los siglos, y su reino no será jamás destruido, y su dominio perdurará hasta el fin. Él salva y libra, y hace señales y maravillas en el cielo y en la tierra; él ha librado a Daniel del poder de los leones» (Daniel 6:26-27).

¿Cómo pondrá usted en práctica esta semana el Principio de vida 17? La verdad es que *usted es más alto y más fuerte de rodillas* porque es cuando se somete a Dios. ¿Se encomendará a Él en oración? Medite en cómo podrá profundizar su tiempo a solas con el Señor. Después, pase tiempo en oración para que Dios le permita tener comunión íntima con Él y para que transforme su vida, a fin de que usted pueda impactar favorablemente al mundo para el reino de Dios.

Lecciones de vida para recordar

- ⚬ Dios es más grande que cualquier problema que usted pueda confrontar (ver 1 Juan 4:4).
- ⚬ Todo lo que confronte, debe entregarlo en las manos de Dios (ver 2 Samuel 22:2-4).
- ⚬ Dios le invita a experimentar el maravilloso poder de la oración (ver Jeremías 33:3).

PRINCIPIO DE VIDA 18

Como hijos del Dios soberano, jamás somos víctimas de nuestras circunstancias

«Porque muchos días estarán los hijos de Israel
sin rey, sin príncipe. [...] Después volverán los
hijos de Israel, y buscarán a Jehová su Dios».

OSEAS 3:4-5

Preguntas de la vida

Las tragedias a gran escala, como los desastres naturales, las pandemias o los ataques terroristas, a menudo inspiran un acalorado debate sobre la presencia de Dios. «¿Dónde está Dios en todo este sufrimiento?», pregunta la gente. «¿Cómo pudo permitir que algo así sucediera? ¿No le interesa nuestro mundo?». Cuando surgen crisis globales, tales preguntas son tanto inevitables como desafiantes.

Sin embargo, su impacto palidece en comparación con las dudas y emociones que surgen dentro de *usted* cuando una tragedia le golpea cerca. Cuando una prueba inesperada lo aturde con una fuerza que lo derriba, el dolor y la pérdida pueden ser mucho más intensos de lo que nunca pensó posible. En sus momentos más oscuros, puede cuestionar su capacidad para sobrevivir. Aturdida y abrumada, su mente buscará alguna explicación a la que pueda aferrarse. Se preguntará: *¿Qué hice para merecer esto? ¿Por qué Dios permite que esto me suceda?*

En esos tiempos de angustia, es posible que no sepa por qué esa adversidad ha llegado a su vida. Sin embargo, siempre puede confiar en que Dios está con usted y que le ama. Puede poner su fe en el infalible carácter de Él, en su insondable sabiduría y en el hecho de que siempre tiene el control. Porque como dice el Principio de vida 18: *Como hijos del Dios soberano, jamás somos víctimas de nuestras circunstancias.*

Oseas fue profeta en el reino del norte de Israel entre 755 y 715 a. C. Así como el castigo de Dios sobre el reino de Judá en el sur fue por medio de Babilonia, Dios castigó al pueblo de Israel y al reino del norte con la invasión de los asirios.

Lo que la Biblia dice

1. Lea Oseas 1:1-3. ¿Qué le mandó el Señor hacer a Oseas? ¿Cuál cree que fue el propósito del Señor al asignarle esa tarea (ver v. 2)?

2. Lea Oseas 2:6-8, 13. ¿Cuál fue la sentencia de Dios en cuanto a la infidelidad de Israel? ¿Qué debía aprender Israel de la reprensión divina (ver vv. 7-8)?

La palabra hebrea para *amo* o *dueño* es *baal*. El Señor Dios es su verdadero Dueño y Señor. Sin embargo, usted siempre debe tener cuidado de que todos sus afectos vayan dirigidos a Él para que ninguna otra cosa —como las riquezas, las relaciones personales, el poder o la posición social— llegue a controlarle y convertirse en su dios.

3. Lea Oseas 2:14-20. ¿Qué haría Dios *después* de juzgar el pecado de Israel (ver vv. 14-15)?

4. ¿Qué le dicen los versículos 19-20 sobre las intenciones de Dios con usted?

> Aunque Oseas amó a Gomer y la cuidó, ella volvió a
> ejercer la prostitución y se esclavizó a otro hombre.
> El profeta entonces se vio forzado a comprarla por la
> mitad del precio de una esclava (ver Éxodo 21:32).

5. Lea Oseas 3:1-5. ¿Cómo se reflejaba la relación de Dios con Israel en la de Oseas con Gomer? ¿Qué dijo Dios que haría finalmente el pueblo de Israel (ver v. 5)?

Lo que significa

Con el matrimonio de Oseas, Dios les dio a los israelitas la ilustración perfecta de lo que quería enseñarles. Ellos habían pecado, abandonando al Dios que los rescató de Egipto y habían ido en pos de dioses falsos. A pesar de eso, Dios amaba a su pueblo y estaba comprometido a cumplir el pacto que había establecido con ellos; estaba dispuesto a tomar medidas drásticas, incluso permitir que Asiria los invadiera, para que la relación entre Él y su pueblo se restableciera. En efecto, Oseas 3:5 dice: «Después volverán los hijos de Israel, y buscarán a Jehová su Dios, y a David su rey». Esto quería decir que Israel acogería al descendiente de David que llegaría a ser el Mesías anhelado. Por medio de este conflicto con Asiria, Dios prepararía al pueblo de Israel para que el Señor Jesús fuera su Salvador.

Ejemplos de vida

1. Lea Salmos 103:19. ¿Qué es lo que abarca el dominio de Dios? ¿Hay algo en toda la creación que no controle? Explique.

2. ¿Cómo se aplica esta realidad a la prueba que usted experimenta?

3. Lea Hebreos 12:1-2. ¿Cuál es la clave para correr la «carrera» que Dios ha puesto delante de usted pese a sus circunstancias?

4. ¿En qué manera, mirar a Cristo, le ha permitido perseverar en medio de las dificultades?

5. Por lo que sabe en este momento, ¿qué tipo de carrera tiene por delante? ¿Cómo ha resultado necesaria la persistencia en esa carrera?

Viva el principio

Dios es soberano, lo cual quiere decir que todo lo que afecte la vida de usted debe tener algún propósito, pues nada que le suceda carece de sentido ni es inútil. Usted jamás es simplemente otra víctima de un mundo injusto. Dios tiene propósitos muy trascendentales para refinarle como el oro: conformarle a la imagen de su Hijo y ser glorificado por medio de usted. Entre más alarmante sea la adversidad, mayor será el ministerio para el que Dios le está preparando; entre más honda sea la herida, más profunda y eficazmente le usará Dios para llevar a cabo su obra en el mundo, si confía en Él y lo obedece.

¿Está atravesando por una prueba? ¿Se pregunta por qué Dios ha permitido esa experiencia tan dolorosa en su vida? Si es así, pregúntele, de manera humilde y respetuosa, por qué permitió la adversidad y qué quiere que usted aprenda de ella. Evite toda amargura y resentimiento. Recuerde siempre que al fin de cuentas Dios controla todo, que su amor por usted nunca cambia y que su voluntad es buena. Usted no es una víctima, es un hijo amado de Dios y Él tiene un plan maravilloso para su vida, así que tenga fe en Él.

¿Cómo pondrá usted en práctica esta semana el Principio de vida 18? Piense en qué forma le ayuda el simple hecho de saber que Dios tiene un propósito explícito en cada circunstancia. Después, pase tiempo en oración para que Dios le permita tener comunión íntima con Él y para que transforme su vida, a fin de que usted pueda impactar favorablemente al mundo para el reino de Dios.

Lecciones de vida para recordar

- Su Dios soberano ha determinado usar todo lo que le suceda para bendecirle y para la gloria de Él (ver Romanos 8:28).
- Puede encontrar consuelo y aliento en la vida de los santos que confiaron en Dios frente a la adversidad (ver Hebreos 11).
- Para perseverar, fije sus ojos en el Señor Jesús (ver Hebreos 12:1-3).

PRINCIPIO DE VIDA 19

Todo aquello a lo que nos aferremos, lo perderemos

«Por tanto, ahora irán a la cabeza de los que van a cautividad, y se acercará el duelo de los que se entregan a los placeres».

AMÓS 6:7

Preguntas de la vida

¿Qué considera que es una necesidad absoluta para usted? ¿Algo sin lo cual no pueda vivir? ¿Algo cuya pérdida le destruiría por completo? ¿Podrá ser una relación, posesión o cierta situación personal? ¿Acaso es más importante para usted que el propio Dios? Es urgente que determine cuánto control ejerce eso sobre usted, porque además de contraproducente podría ser peligroso. ¿Qué haría usted si Dios le pidiera que lo dejara? ¿Sería capaz de obedecerlo? ¿La idea de dejarlo le produce ansiedad o una sensación de inutilidad?

Para algunas personas, el dinero es fundamental: dedican la mayor parte de su tiempo, energía y atención a obtenerlo y a conservarlo. Consideran la riqueza como la clave de su valor, poder y prestigio, y la idea de perderla los mantiene despiertos por la noche. Quizás sienta que no cae en esa esfera, pero considere esta pregunta: *¿Cuánto tiempo pasa cada día pensando en sus finanzas en comparación con el que medita en la Palabra de Dios?*

Si hay algo que pudiera impedirle confiar en el Señor y honrarlo, es nada menos que un ídolo, y Dios no tolerará que se aferre a ello. Si usted busca encontrar aceptación, éxito y seguridad en algo que no sea Dios, le esperan serios problemas porque ese «algo» no perdurará. Tarde o temprano, llegará a entender lo que enseña el Principio de vida 19: *Todo aquello a lo que nos aferremos, lo perderemos.*

Amós era un pastor y agricultor en Judá que (entre 760 y 750 a. C.) advirtió a Israel acerca del juicio venidero de Dios. Aunque el rey Jeroboam II había logrado aumentar el territorio y los tesoros de Israel, la prosperidad corrompió al pueblo y ellos se volvieron aun más inmorales e idólatras.

Lo que la Biblia dice

1. Lea Amós 2:6-8. ¿Qué hacían los israelitas que desagradaba al Señor?

2. Lea Amós 6:1-8. ¿En qué habían puesto su confianza los israelitas (ver v. 1)?

3. ¿Qué actitud estaba exhibiendo el pueblo de Israel, según los versículos 4-5?

4. ¿A qué se refiere el *quebrantamiento de José* (ver v. 6; ver también Ezequiel 34:2- 4)?

5. ¿Qué era lo que Dios abominaba acerca de la conducta de Israel (ver v. 8; ver también Salmos 10:2-4)? ¿Cuál fue el castigo que Dios pronunció contra Israel (ver v. 7)?

Lo que significa

Los israelitas estaban tan embelesados con su prosperidad que se olvidaron de Dios (ver Oseas 10:1-3). Se volvieron tan orgullosos de su opulencia y sus victorias militares que creyeron no necesitarlo más. Por eso, cuando Dios los llamó al arrepentimiento rehusaron obedecer sus mandamientos o acogerlo de nuevo en sus vidas. No estaban dispuestos a renunciar a sus riquezas y comodidades ni a cambiarlos por Él, y eso tuvo un costo muy elevado.

Ejemplos de vida

1. Lea 2 Reyes 17:5-20. ¿Cómo se cumplió la profecía de Amós (ver vv. 5-6)?

2. Según el versículo 13, ¿Cómo había advertido Dios al pueblo de sus malos caminos?

3. ¿Cómo usa Dios métodos similares hoy para advertir a las personas acerca de su pecaminosidad?

4. ¿Cómo reaccionaron los israelitas a esas amonestaciones de Dios (ver vv. 14-17)?

5. ¿Qué sucedió con todo aquello a lo cual se aferraron los israelitas (ver vv. 18-20)?

Samaria, la capital del reino de Israel, fue destruida por Asiria en 722 a. C. Miles de israelitas fueron llevados cautivos a Media y a la Mesopotamia del norte. Los demás fueron obligados a vivir bajo el dominio asirio e Israel mismo dejó de existir. A partir de allí, la tierra cambió de dueño muchas veces y la nación de Israel no volvió a restablecerse hasta el 14 de mayo de 1948, con la Declaración de Independencia del Estado de Israel.

Viva el principio

Dios envió a muchos profetas a Israel y Judá antes de llevar a cabo su juicio (ver Amós 3:7). Como dijimos en el Principio de vida 10: *Si es necesario, Dios moverá cielo y tierra para mostrarnos su voluntad.* Él quiere que sepa qué sucede y cuál es su plan para usted. Sin embargo, sean cuales fueren las circunstancias, usted sabe que su responsabilidad más importante es confiar siempre en Dios y obedecerlo, ante todo. Si hay algo que usted honre más que a Dios, Él le mostrará que eso le desagrada y le demandará que renuncie a esa persona, posesión o situación.

Dios no compartirá el control de la vida de usted con nada ni con nadie. Jesús dijo: «Ninguno puede servir a dos señores; porque o aborrecerá al uno y amará al otro, o estimará al uno y menospreciará al otro» (Mateo 6:24). Usted no honra a Dios ni se beneficia teniendo un corazón dividido. Así que decídase definitivamente en cuanto a qué o quién regirá su vida. Renuncie a todo aquello que se interponga entre el Señor y usted. Lo mejor de todo es que independientemente de lo que Dios le demande abandonar, usted puede estar seguro de que a la larga su vida estará mucho mejor sin nada de eso. Dios no está castigándole al quitarle algo muy valioso para usted; más bien, está preparándole para darle algo muchísimo mejor.

Mantenga sus ojos en Dios y no en la bendición.

¿Cómo pondrá usted en práctica esta semana el Principio de vida 19? Piense en todo aquello a lo que le sea difícil renunciar y cómo optar por honrar a Dios. Después, pase tiempo en oración para que Dios le permita tener comunión íntima con Él y para que transforme su vida, a fin de que usted pueda impactar favorablemente al mundo para el reino de Dios.

Lecciones de vida para recordar

- Dios le ama tanto que no permite que usted tenga ni el menor indicio de autosuficiencia o dependencia de algo que no sea Él (ver 2 Corintios 12:7-10).

- Solo Dios tiene la autoridad para asumir el control de su vida (ver Salmos 139:13-16).
- Confiar en Dios es el antídoto ideal contra el miedo y la inseguridad (ver Salmos 56:3-4).

PRINCIPIO DE VIDA 20

Las decepciones son inevitables; el desánimo es por elección nuestra

«Aunque la higuera no florezca, ni en las vides haya frutos, [...] con todo,
yo me alegraré en Jehová, y me gozaré en el Dios de mi salvación».
HABACUC 3:17-18

Preguntas de la vida

A menudo, la vida no marcha como pensamos que debiera ser. En verdad, rara vez lo hace. Si usted es como la mayoría de las personas, sus esperanzas y sus expectativas casi siempre superan su realidad. Oportunidades que usted daba por ciertas no se presentan como lo esperaba. Las personas con quienes creyó que podía contar terminaron decepcionándole. Y hasta los planes y las expectativas que se ha trazado se han visto frustrados. Todo es muy decepcionante.

¿Qué esperanzas tiene con su vida? ¿Qué oportunidades, relaciones o situaciones está constantemente tratando de alcanzar? ¿Qué le está pidiendo a Dios que haga realidad para usted? No hay nada de malo en tener tales esperanzas y sueños. Sirven como motivadores que le inspiran a luchar por lo mejor. Pero cuanto más se esfuerce por cumplir sus esperanzas y sueños, mayor será su potencial para la decepción si no se hacen realidad.

En esos momentos de desilusión, ¿permitirá que sus desilusiones le desalienten? ¿Permitirá que le impidan convertirse en todo lo que Dios ideó que usted fuera? ¿O se levantará, aprenderá de esos reveses y seguirá adelante? La decisión es suya, así que elija sabiamente y recuerde las palabras del Principio de vida 20: *Las decepciones son inevitables; el desánimo es por elección nuestra.*

El profeta Habacuc ministró en Judá aproximadamente entre 612 y 588 a. C., antes de y durante la invasión de los caldeos.

Lo que la Biblia dice

1. Lea Sofonías 1:2-6. ¿Qué estaba sucediendo en Judá antes de la invasión de los babilonios?

2. Lea Habacuc 1:1-6. ¿Cuál fue la reacción de Habacuc ante la idolatría, la inmoralidad y la injusticia que diariamente veía en su nación? ¿Cuál fue la respuesta de Dios a Habacuc (ver vv. 5-6)?

3. Lea Habacuc 2:2-4. ¿Por qué cree que Dios le dice a Habacuc que escriba su juicio en cuanto a Babilonia (ver vv. 2-3)?

4. ¿Cuál es la amonestación de Dios a Habacuc en el versículo 4?

5. Lea Habacuc 3:17-19. ¿Qué responde Habacuc a Dios?

Los ídolos que adoraban los judíos eran dioses paganos de la *fertilidad* y lo hacían con el fin de acrecentar sus cosechas y prosperar. Habacuc menciona los cultivos principales de la región y dice que, aunque todos fallaran, aun así, Dios es digno de ser alabado. Ese es el verdadero centro de la fe.

Lo que significa

La vida puede ser deprimente a veces. Habacuc rogó a Dios que castigara la maldad de sus compatriotas, pero se descorazonó al enterarse de que el juicio vendría gracias a que los babilonios invadirían Judá.

Eso es el colmo de la desilusión: esperar que algo mejore las circunstancias y recibir otra cosa completamente distinta que no ayude, sino que empeore la situación. Sin embargo, aunque Habacuc no entendía los caminos de Dios, siguió confiando en la sabiduría divina. «Con todo, yo me alegraré en Jehová, y me gozaré en el Dios de mi salvación. Jehová el Señor es mi fortaleza» (Habacuc 3:18-19). Esto es lo que usted también debe hacer, aunque la contestación de Dios a sus oraciones no sea lo que usted tanto ha esperado. Confíe en Dios, pues Él sabe exactamente lo que está haciendo.

Ejemplos de vida

1. Lea Salmos 73:1-12. ¿Alguna vez ha dudado de Dios por haber visto prosperar a otra persona de la manera que usted esperaba para sí?

2. Lea Salmos 73:13-17. ¿Alguna vez ha tenido deseo de darse por vencido a causa del desánimo? En ese caso, ¿cómo fue ese tiempo para usted?

3. ¿Qué le hizo volver a la comunión con Dios después de ese tiempo de desánimo?

4. Lea Salmos 73:21-28. Como creyente, ¿en qué puede usted apoyarse si todo lo demás falla?

5. ¿De qué manera cree usted que pueda librarle del desánimo recordar esa verdad?

Viva el principio

¿Cómo reacciona usted cuando sobrevienen las decepciones? ¿Se enoja, se frustra o se decepciona? ¿O acaso dice: «Señor, tal vez no sepa por qué permitiste eso, pero de todas maneras confío en ti y sé que lo mejor que tienes para mí aún está por venir»? Si reacciona con desánimo y resentimiento, empezará a deslizarse cuesta abajo, aleján-dose del propósito de Dios para su vida. En cambio, si responde con confianza y alabanza, su fe será fortalecida y esa experiencia le acer-cará más al Señor.

Así que, cada vez que le acosen las decepciones, recuerde que su situación está en manos de Dios y sujeta a su control soberano. Medite en el hecho de que le ama incondicionalmente y que ha preparado lo mejor para usted. Recuerde también todas las maravillosas bendiciones que ya le ha concedido. Pese a todas las desilusiones que le acosen, usted podrá usarlas como peldaños para el crecimiento de su fe. En vez de amedrentarse, usted se llenará del ánimo de Dios, y no hay nada más alentador que eso.

«Y Jehová va delante de ti; él estará contigo, no te dejará ni te desamparará; no temas ni te intimides» (Deuteronomio 31:8).

¿Cómo pondrá usted en práctica esta semana el Principio de vida 20? Considere las desilusiones que ha experimentado recientemente y cómo puede encauzarlas para sacarles provecho confiándoselas a Dios. Después, pase tiempo en oración para que Dios le permita tener comunión íntima con Él y para que transforme su vida, a fin de que usted pueda impactar favorablemente al mundo para el reino de Dios.

Lecciones de vida para recordar

- ❧ Dios tiene un plan exclusivo para usted, que no cambia pese a las circunstancias inesperadas (ver Isaías 41:9-10).
- ❧ Cada vez que se presente una situación que no sea acorde con su entendimiento de la voluntad de Dios, usted debe detenerse y buscarlo para recibir instrucción (ver Salmos 32:8).
- ❧ Dios tiene su futuro en las manos de Él, por lo que usted nunca saldrá perdiendo si vive en función de lo que le tiene reservado (ver Filipenses 3:13-14).

PRINCIPIO DE VIDA 21

La obediencia siempre trae bendición consigo

Y él dijo: «Antes bienaventurados los que
oyen la palabra de Dios, y la guardan».
Lucas 11:28

Preguntas de la vida

¿A qué extremos quiere Dios que usted llegue en su obediencia a Él? Quizás haya aceptado a Cristo como su Señor y Salvador y se haya sometido a Él en algunos aspectos importantes, pero aún no sabe con certeza si quiere entregarle *cada* pormenor de su vida. Tal vez tema que Dios le guíe en un rumbo al que no quiere ir o que le pida que renuncie a algo que quiere conservar. O quizás la procrastinación haya obstaculizado sus esfuerzos por someterse a Dios completamente.

Además, podría ser que no vea la necesidad de darle a Dios el control de cada parte de su vida. A fin de cuentas, ¿no dijo Pablo que «todas las cosas me son lícitas» a los que están en Cristo (1 Corintios 6:11-12).

Si la salvación es completamente por fe en Cristo y no se puede perder, ¿por qué es preciso obedecer los mandatos que son verdaderamente difíciles? Sin embargo, no pierda de vista el resto del mensaje de Pablo. El apóstol continúa diciendo: «Todas las cosas me son lícitas, mas yo no me dejaré dominar de ninguna. [...] Porque habéis sido comprados por precio; glorificad, pues, a Dios en vuestro cuerpo y en vuestro espíritu, los cuales son de Dios» (1 Corintios 6:12, 19-20).

Dios quiere que disfrute de la libertad que le da en cada área de su vida (ver Gálatas 5:1, 13; Santiago 1:25). Sin embargo, la única manera de alcanzar esa libertad es mediante la obediencia. Por esa razón, el Principio de vida 21 enseña que *la obediencia siempre trae bendición consigo.*

Cuando la gente cuestionó el poder por el cual el Señor Jesús expulsaba a los demonios, Él replicó: «Mas si por el dedo de Dios echo yo fuera los demonios, ciertamente el reino de Dios ha llegado a vosotros» (Lucas 11:20). Jesús proporciona la única manera en que una persona puede ser libre, pero demanda nuestra obediencia en todo ese proceso.

Lo que la Biblia dice

1. Lea Lucas 11:23-28. ¿A qué se refiere el Señor al decir: «El que no es conmigo, contra mí es; y el que conmigo no recoge, desparrama» (v. 23)?

2. ¿Por qué la gente recurre a religiones, programas de rehabilitación, psicoterapia y demás, y aunque *aparentemente* mejoren, después de un tiempo vuelven a caer en sus antiguos hábitos (vv. 24-25)?

3. ¿A qué le dan cabida esos métodos y creencias (ver v. 26)? ¿Qué implica esto en cuanto a la influencia que Satanás ejerce en la gente?

4. ¿Puede alguien ser *poseído* por un demonio después de haber creído en Cristo como Señor y Salvador (ver 1 Corintios 3:16; 6:17; 1 Juan 2:4)?

5. ¿En qué maneras puede usted ser *influenciado* por el enemigo (ver 2 Corintios 5:17; Efesios 4:27; Santiago 1:14)? ¿Qué implican las palabras del Señor en Lucas 11:28?

Puesto que usted es «nueva criatura en Cristo»
(2 Corintios 5:17), el Espíritu Santo es el único que puede
morar dentro de usted (1 Corintios 6:19-20). Los espíritus
inmundos del enemigo ya no pueden tener cabida en su vida.

Lo que significa

Satanás quiere controlarle y destruirle (ver 2 Tesalonicenses 1:8-9). Por eso hará todo lo que pueda para que no se entere de su necesidad de salvación por medio de Jesucristo. Tan pronto como usted recibe a Cristo como su Salvador y el Espíritu Santo viene a morar en su ser, usted ya no puede ser poseído por ningún demonio ni sentirse forzado a hacer la voluntad de él (ver Efesios 4:30; 2 Timoteo 2:26). Lo único que el enemigo puede hacerle como creyente es destruir su eficacia para el reino de Dios en este mundo e impedirle disfrutar de la relación maravillosa que usted tiene con Dios. Esto es algo que Satanás logra incitándole a pecar. Por tanto, cada vez que usted *desobedece* a Dios, participa directamente en las maquinaciones del enemigo para lastimarle y hacerle perder el gozo de Cristo. Además, actúa netamente *en contra* de Cristo y no *con* Él. Por su parte, Cristo le llama a obedecerlo para que pueda disfrutar la vida abundante que Él ha preparado para usted (ver Juan 10:10). Esa es la razón por la cual Dios le da su Espíritu, «para que sepamos lo que Dios nos ha concedido» (1 Corintios 2:12).

Ejemplos de vida

1. Lea Juan 15:4-8. ¿Cómo produce usted algo que sea valioso y eterno (ver vv. 4-5)? ¿Cuál es la promesa de Cristo para usted si lo obedece fielmente (ver v. 7; ver también Salmos 37:4)?

La palabra *permanecer* en el Nuevo Testamento quiere
decir mantenerse firme, perseverar estando unido con
Cristo de corazón, alma, mente, fuerza y voluntad.
¿Cómo permanece usted cerca de Dios? Él se lo
mostrará a medida que usted haga lo que le dice.

2. Usted existe para glorificar a Dios (ver Salmos 86:8-12;
Mateo 5:16); siendo así, ¿cómo muestra usted concretamente el
propósito para el cual Dios le creó (ver v. 8)?

3. ¿De qué clase de *fruto* habla el Señor (ver en Gálatas 5:22-23 ;
1 Pedro 1:5-8)? ¿Muestra usted esas características? Explique.

4. Lea Juan 15:9-16. ¿Por qué quiere Jesús que usted se vincule
con Él para llevar a cabo su obra en el mundo (ver v. 11)? ¿Cuál
debería ser su motivación en todo lo que hace para Dios (ver
vv. 9-10, 13-14)?

5. ¿Por qué es tan importante recordar que usted sirve *con* Dios por *amistad* y no *para* Dios por *obligación* (ver vv. 15-16)?

Viva el principio

Un aspecto adicional de este principio es que su obediencia a Dios, a menudo, bendice a los más cercanos a usted. Por ejemplo, cuando un padre obedece al Señor, toda su familia puede cosechar la recompensa de las bendiciones de Dios. Asimismo, la obediencia de un niño a Cristo puede ser un gran regalo para sus padres. Cuando usted lleva una vida obediente, aquellos que le conocen y le aman pueden sentir la paz y el gozo que Dios le ha dado. En vez de conflicto, puede haber satisfacción.

Dios sabe lo que es mejor para usted y quiere ver eso cumplido en su vida. Por tanto, ¿qué le impide obedecerle? ¿Se está aferrando a una persona, meta o actividad que es menos que lo mejor de Dios? Puede ser aterrador someter eso al Señor, pero hágalo de todos modos. Él quiere bendecirle y darle libertad en esa área, pero solo lo hará cuando usted le obedezca. Aun cuando la obediencia a veces es un desafío, valdrá la pena cuando vea a Dios obrar en su vida y en su experiencia. Por lo tanto, obedezca a Dios con confianza, consciente de que será bendecido cuando lo haga.

¿Cómo pondrá usted en práctica esta semana el Principio de vida 21? Considere los aspectos en los que le sea más difícil obedecer y rinda cuentas a otra persona en cuanto a entregarle a Dios cada uno de esos aspectos. Después, pase tiempo en oración para que Dios le permita tener comunión íntima con Él y para que transforme su vida, a fin de que usted pueda impactar favorablemente al mundo para el reino de Dios.

Lecciones de vida para recordar

- Obedecer a Dios en asuntos pequeños es un paso esencial para recibir las más grandes bendiciones (ver Marcos 4:30-32).
- Si obedece a Dios jamás se decepcionará (ver Salmos 22:5).
- Su obediencia siempre beneficia a otras personas (ver 2 Corintios 4:11-15).

PRINCIPIO DE VIDA 22

Andar en el Espíritu es obedecer las indicaciones iniciales del Espíritu

Y mientras Pedro pensaba en la visión, le dijo el
Espíritu: «He aquí, tres hombres te buscan».
HECHOS 10:19

Preguntas de la vida

Cuando usted aceptó a Jesús como su Salvador, sucedieron varias cosas. Recibió el perdón absoluto de Dios, la vida eterna y su vieja naturaleza pecaminosa fue reemplazada por una nueva a través de la cual el Señor obra para conformarle a la semejanza de Cristo. También recibió el Espíritu Santo, que es enviado por Jesús para morar en todos los que creen en Él. Es su Espíritu Santo el que le permite a usted llevar una vida piadosa y seguir los pasos de Jesús.

Con tal provisión, puede parecer que la vida cristiana debería ser fácil y gozosa. Pero ¿alguna vez se ha sentido agotado en su caminar con Dios? ¿Se pregunta si va por buen camino o si debería estar experimentando otras posibilidades? ¿Le gustaría que la dirección de Dios fuera más clara para usted? Entonces, puede ser que haya estado tratando de vivir la vida cristiana por sus propias fuerzas y su sabiduría en lugar de seguir el liderazgo del Espíritu Santo de Dios. Jesús llamó al Espíritu Santo el «Espíritu de verdad» (Juan 14:17). Él le lleva a tomar decisiones, a elegir y a entender la voluntad de Dios, la que es verdadera desde la perspectiva divina.

El Espíritu Santo le da poder para que conozca y guarde los mandamientos de Dios. Él le dirige y le guía, en maneras que usted no espera, por caminos que demuestran ser los más efectivos. Su parte es actuar de acuerdo con las indicaciones que Dios le dé. Esta es la razón por la que el Principio de vida 22 enseña que *andar en el Espíritu es obedecer las indicaciones iniciales del Espíritu.*

Lo que la Biblia dice

1. Lea Hechos 10:1-8. ¿Qué clase de hombre era Cornelio (ver vv. 1-4)?

Cornelio era conocido como un hombre piadoso y temeroso de Dios. Es decir, que aunque simpatizaba con la forma de adorar de los judíos y su moralidad y también creía en el único Dios verdadero, probablemente no se había convertido formalmente al judaísmo ni había sido circuncidado ni recibido el bautismo judío.

2. ¿Cuáles fueron las instrucciones específicas que el Señor le dio a Cornelio (ver vv. 5-6)? ¿Por qué cree usted que esta visión impactó a Cornelio (ver vv. 7-8)?

3. Lea Hechos 10:9-16. ¿Qué diferencias observa entre las actitudes y las reacciones de Pedro y de Cornelio con la visión que recibió cada uno (ver v. 14)? ¿Por qué cree que Pedro contestó de esa manera (ver v. 14; ver también Levítico 11:4, 8)?

4. Lea Hechos 10:17-23. ¿Cuánto tardó el Espíritu en revelar a Pedro el significado de la visión (ver vv. 17-19)?

5. Lea Hechos 10:24-48. ¿Cómo demostró Pedro que había captado lo que Dios le estaba enseñando por medio de la visión (ver vv. 28, 34-35)?

«Porque no me avergüenzo del evangelio, porque es poder de Dios para salvación a todo aquel que cree; al judío primeramente, y también al griego» (Romanos 1:16).

6. ¿Cómo se beneficiaron todos los presentes de la obediencia de Pedro y Cornelio (ver vv. 44-45; ver también 11:15-18)?

Lo que significa

Cornelio estuvo entre los primeros gentiles que formaron parte de la iglesia sin convertirse primero en judío. Antes de eso, se creía que los creyentes gentiles no podían recibir el Espíritu Santo porque únicamente era dado al pueblo de Israel. Es decir, se consideraba que los creyentes no judíos eran cristianos incompletos. Por dicha razón, ni Pedro ni Cornelio ignoraron los impulsos del Espíritu Santo debido a sus nociones preconcebidas. En cambio, su obediencia abrió el camino para que los gentiles se convirtieran en parte del Cuerpo de Cristo. A menos que tenga antecedentes judíos, ese acontecimiento lo afectará a usted directamente. No tiene que pasar por todos los rituales de convertirse en judío antes de poder aceptar a Cristo como su Salvador y recibir al Espíritu Santo. Y todo se debe a que dos hombres fueron obedientes a los impulsos del Espíritu.

Ejemplos de vida

1. Lea Hechos 16:1-10. Al comenzar la escena, Pablo y Silas se han embarcado en un viaje misionero para visitar las iglesias que el apóstol plantó anteriormente. ¿Cuál fue el efecto inmediato en las iglesias que visitaron (ver v. 5)?

2. ¿Cómo dirigió el Espíritu Santo a Pablo y a Silas (ver vv. 6-7)?

3. ¿Por qué el Espíritu Santo les *prohibió* predicar el evangelio?

4. ¿Alguna vez el Espíritu Santo le ha cerrado alguna puerta y usted no entendió la razón?

5. ¿Cómo cambió el Espíritu Santo el itinerario de Pablo y Silas (ver vv. 9-10)?

Este fue el segundo viaje misionero de Pablo. Aunque el apóstol ardía en deseos de visitar las iglesias que había fundado con anterioridad, Dios tenía otros planes para él que incluían cruzar el mar Egeo para entrar con el evangelio a un nuevo continente (Europa). Como resultado, Pablo fundó iglesias en Filipos, Tesalónica y Berea.

Viva el principio

¿Ha estado usted haciendo caso omiso de las indicaciones del Espíritu Santo porque no está seguro hacia dónde está dirigiéndole? ¿Ha cuestionado el Espíritu sus creencias o está impulsándole a cambiar de curso? El Espíritu Santo jamás le llevará por mal camino porque le dirige para hacer la voluntad de Dios, es decir, a glorificarlo y llegar a ser todo lo que Él ideó que fuera.

El Señor Jesús dijo: «Pero cuando venga el Espíritu [...] os guiará a toda la verdad; porque no hablará por su propia cuenta, sino que hablará todo lo que oyere, y os hará saber las cosas que habrán de venir. Él me glorificará; porque tomará de lo mío, y os lo hará saber» (Juan 16:13-14). El Espíritu Santo es su Consejero, Consolador y Ayudador, y se encargará de que usted tenga todo lo que necesita para realizar todo lo que Dios le haya llamado a hacer. Así que, usted necesita detener los intentos de hacer todo por su cuenta y, en cambio, obedecer de inmediato lo que el Espíritu Santo le esté indicando y, por último, apreciar y disfrutar la vida maravillosa que se desplegará ante sus ojos bajo la plenitud del Espíritu.

¿Cómo pondrá usted en práctica esta semana el Principio de vida 22? Piense en los desafíos y las bendiciones que vienen como resultado de obedecer las indicaciones iniciales del Espíritu Santo. Pase tiempo en oración para que Dios le permita tener comunión íntima con Él y para que transforme su vida, a fin de que usted pueda impactar favorablemente al mundo para el reino de Dios.

Lecciones de vida para recordar

- ◕ Usted debe permanecer rendido al Espíritu Santo (ver Romanos 8:13-14).
- ◕ Usted debe confiar en la dirección del Espíritu Santo (ver 1 Tesalonicenses 5:19).
- ◕ Usted debe escuchar la guía del Espíritu Santo (ver Gálatas 5:16-18).

PRINCIPIO DE VIDA 23

Jamás podremos superar a Dios en generosidad

Y poderoso es Dios para hacer que abunde en vosotros toda gracia, a fin de que, teniendo siempre en todas las cosas todo lo suficiente, abundéis para toda buena obra.

2 CORINTIOS 9:8

Preguntas de la vida

Dar es un aspecto del discipulado que los pastores prefieren no abordar y tampoco les entusiasma a muchos creyentes. Por alguna razón, el tema del diezmo, las ofrendas y la generosidad nos parecen temas demasiado personales para discutirlos y, a menudo, nos es difícil entregarlos a Dios. Recibimos con gusto sus bendiciones, pero nos resistimos a obedecerlo con los dones que nos ha concedido. Esto se debe a nuestra falta de confianza en Dios y a que nos negamos a reconocer que es dueño de todo lo que existe.

Sin embargo, la Biblia está llena —de principio a fin— con historias sobre la bondad de Dios. Él siempre da, siempre ama y siempre es generoso con sus hijos. En Génesis, les da a Adán y a Eva un jardín del Edén perfecto. En Apocalipsis, revela el hogar supremo que ha preparado para sus hijos: un cielo perfecto y eterno. En los libros intermedios, encontramos que se deleita en bendecir a su pueblo y que envió a su Hijo como su regalo definitivo para nosotros.

Dios es amoroso y lleno de gracia, así que cuando le ordena que deje sus riquezas y sus recursos, es por una buena razón. Él no quiere privarle sino enseñarle a ser más como Él convirtiéndole en un dador generoso. A medida que aprenda a soltar sus posesiones, descubrirá la verdad del Principio de vida 23: *Jamás podremos superar a Dios en generosidad.*

Lo que la Biblia dice

1. Lea Hechos 11:27-30. ¿Por qué les pareció necesario a los discípulos enviar ayuda a los creyentes de Judea y, sobre todo, a la iglesia de Jerusalén (ver v. 28)?

2. Lea 2 Corintios 8:1-7. ¿Qué ejemplo les habían dado las iglesias de Macedonia a los corintios (ver vv. 1-4)? ¿Por qué cree usted que Pablo inicia su exhortación a los corintios con el ejemplo positivo de los creyentes macedonios (ver v. 7)?

Dios envió a Pablo a los macedonios durante su
segundo viaje misionero, y esta carta a los corintios
fue escrita durante su tercer viaje misionero, unos años
después. Pablo no habría podido saber qué bendición
tan inmensa serían las iglesias macedonias para él y
para la iglesia en Jerusalén, pero Dios sí lo sabía.

3. Lea 2 Corintios 8:8-15. ¿Por qué a veces es más fácil mostrar su amor y apoyo a otros de maneras que no sean monetarias (ver v. 8)?

4. ¿Alguna vez se ha comprometido a donar recursos y no ha cumplido como lo prometió (ver vv. 10-12)? ¿Cuál fue el resultado?

Los corintios se habían comprometido a aportar
con generosidad a la iglesia de Jerusalén, pero
todavía no habían cumplido su promesa.

5. ¿Por qué le interesa ser fiel a Dios con sus finanzas y mostrar generosidad a los demás (ver vv. 13-15; ver también Malaquías 3:10; Lucas 6:38; Gálatas 5:13-15)?

Lo que significa

Además de la hambruna (ver Hechos 11:27-30), otros factores afectaban a los pobres en Jerusalén. Muchos creyentes fueron repudiados por sus familias y su comunidad, perdiendo así su capacidad para mantenerse. Esto llevó a que los fondos comunes que se habían recolectado (ver Hechos 2:44; 4:34) se agotaran rápidamente. Además, había muchas viudas que necesitaban ser sostenidas (ver Hechos 6:1-6), al igual que misioneros en cierne que debían ser enviados a otros lugares. Para empeorar la situación, la gente tenía que pagar impuestos tanto a las autoridades judías como a las romanas, por lo que les resultaba prácticamente imposible reunir lo suficiente para vivir y cumplir con sus obligaciones cívicas. Sin embargo, en medio de todos esos problemas económicos, Dios estaba enseñando a los creyentes gentiles cómo podían mostrar su amor a los demás y también estaba revelando a los creyentes judíos que podían confiar en los gentiles que habían creído en Cristo. Dios estaba uniendo a su iglesia dividida por la cultura y la distancia.

Ejemplos de vida

1. Lea 2 Corintios 9:1-15. ¿Qué cree usted que Pablo les dijo a los macedonios acerca de los corintios (ver v. 2)?

2. Cuando la gente considera que su ejemplo es bueno, ¿eso le motiva a actuar piadosamente, aun cuando le parezca difícil (ver vv. 3-5)? Explique su respuesta.

3. ¿De qué manera ha visto cumplirse el principio del versículo 6 en su propia vida?

4. ¿En qué se basa dar con alegría (ver v. 7; ver también Mateo 10:8; Juan 13:34; 1 Corintios 13:3; Efesios 5:2)?

5. ¿Cuál es la promesa de Dios para usted cuando da con generosidad (ver v. 8)? ¿Qué inspira la obediencia a Dios en el manejo de sus finanzas (ver vv. 10-15)?

La palabra *gracia* en el Nuevo Testamento viene de una raíz que quiere decir *regocijarse*. Alude a *un beneficio absolutamente gratuito* o *una expresión libre y espontánea de amabilidad, una obra que produce gozo* y *un favor conferido*. Cuando Pablo escribe que «poderoso es Dios para hacer que abunde en vosotros toda gracia» (2 Corintios 9:8), se refiere a que Dios produce en usted superabundancia de bondad que le producirá inmenso gozo.

Viva el principio

¿Aporta usted el diez por ciento de sus ingresos al ministerio de la iglesia? ¿Ofrenda con generosidad, bendiciendo en abundancia a las personas necesitadas? Quizás lea esas preguntas y piense: *Es que no puedo, porque apenas me alcanza para vivir.* O tal vez trate de contestarlas diciendo: *Me he esforzado mucho por lograr lo que tengo y no veo por qué debiera regalarlo.* Como ya hemos leído, estas dos actitudes vienen como resultado de la falta de confianza en Dios y de no reconocer que Él es dueño de todo lo que existe.

Dios quiere «[abrir]... las ventanas de los cielos, y derramaré sobre vosotros bendición hasta que sobreabunde» (Malaquías 3:10), pero esperará hasta que usted le rinda este aspecto de su vida. Dios conoce sus luchas, sus deseos y las circunstancias en que se encuentra y ha prometido que «suplirá todo lo que os falta conforme a sus riquezas en gloria en Cristo Jesús» (Filipenses 4:19). Así que deje de tomar decisiones basándose en el estado de sus finanzas y propóngase obedecer a Dios en todo. Nada le faltará. Sea generoso con el Señor y descubrirá mayores bendiciones que las que habría podido imaginarse.

¿Cómo pondrá usted en práctica esta semana el Principio de vida 23? Explore las bendiciones que resultan de entregar a Dios el asunto de sus finanzas. Sométase a Él y comprométase junto con su grupo a rendirse cuentas unos a otros en el aspecto económico. Después, pase tiempo en oración para que Dios le permita tener comunión íntima con Él y para que transforme su vida, a fin de que usted pueda impactar favorablemente al mundo para el reino de Dios.

Lecciones de vida para recordar

- Todo lo que usted tiene es un regalo de Dios; por ende, todo lo que le ofrezca es solo una porción de lo que ya le ha dado (ver Deuteronomio 10:14).
- Si obedece a Dios honrándolo con sus diezmos, conforme a su promesa Él protegerá sus finanzas y le bendecirá abundantemente (ver Malaquías 3:10).
- Dios suplirá todas sus necesidades con sus infinitas riquezas (ver Filipenses 4:19).

Vivir la vida cristiana es permitir
al Señor Jesús vivir su vida en
y por medio de nosotros

Con Cristo estoy juntamente crucificado, y
ya no vivo yo, más vive Cristo en mí.

GÁLATAS 2:20

Preguntas de la vida

¿Qué le preocupa hoy? ¿Qué preocupación le está consumiendo con temor y duda? ¿Se da cuenta de que usted no debe preocuparse por esa situación? ¿Ha logrado entender que la responsabilidad de todo lo relacionado con usted es de Cristo y no suya y que su única función es, simplemente, obedecerlo? David escribió en Salmos 138:7-8: «Si anduviere yo en medio de la angustia, tú me vivificarás [...] me salvará tu diestra. Jehová cumplirá su propósito en mí».

Muchas personas sueñan con recibir una herencia inesperada de alguien rico. Sin embargo, como creyente en Cristo Jesús, ¡usted es el heredero del legado más lujoso que cualquier persona jamás podría soñar recibir! Pablo declaró: «Cosas que ojo no vio, ni oído oyó, ni han subido en corazón de hombre, son las que Dios ha preparado para los que le aman» (1 Corintios 2:9). La herencia que se le ha dado en Cristo es tan gloriosa, tan vasta y tan tremenda que ni siquiera puede comprenderla con su mente limitada.

Tal vez se haya acostumbrado tanto a cuidar de sí mismo y hasta de otros, que le sea difícil aceptar esta verdad. Pero si no comprende esta verdad, seguirá distraído por asuntos que nunca fueron suyos y se perderá las bendiciones de la vida abundante que Dios ha planeado para usted. Así que, en vez de eso, opte por adoptar el Principio de vida 24: *Vivir la vida cristiana es permitir al Señor Jesús vivir su vida en y por medio de nosotros.*

El concilio de Jerusalén (ver Hechos 15) fue la primera reunión de negocios celebrada por la iglesia en sus comienzos. Abordó el problema de las inquietudes de los judaizantes que creían en Cristo como su Salvador, pero también sostenían que los cristianos gentiles debían guardar la ley de Moisés para salvarse. Por supuesto, Cristo no estableció tal requisito para la salvación.

Lo que la Biblia dice

1. Lea Hechos 15:1-5 y Gálatas 2:11-13. ¿Por qué criticó Pablo a Pedro? ¿En qué consistió su discrepancia?

2. Lea Gálatas 2:14-21. ¿Qué consejo le dio Pablo a Pedro (ver v. 14)? ¿Cómo se justifica o es salva una persona (ver v. 16; Hechos 15:7-11)?

Cuando Pedro habló de la salvación de los gentiles, se refirió a lo ocurrido cuando les predicó a Cornelio y a los que se habían reunido en su casa (ver Hechos 10).

3. ¿Por qué cree usted que tendemos a someternos a la ley, a las buenas obras y a las actividades religiosas (ver vv. 17-19)? ¿Cuál es la prueba verdadera de que usted es salvo (ver v. 20)?

4. ¿Qué quiere decir que Cristo viva por medio de usted? ¿Hay algo específico que usted debería estar haciendo (ver v. 20; ver también Romanos 6:5-13)?

5. Cuando usted vuelve a vivir por la ley o conforme a rituales religiosos y ya no por la gracia de Dios, ¿en realidad qué está dando a entender (ver v. 21)?

Lo que significa

Es probable que los judaizantes creyeran que estaban defendiendo la fe. Sin embargo, es obvio que se preocupaban por cuestiones que no eran tan importantes, sino que provocaban conflicto dentro de la iglesia. Pedro los reprendió así: «Ahora, pues, ¿por qué tentáis a Dios, poniendo sobre la cerviz de los discípulos un yugo que ni nuestros padres ni nosotros hemos podido llevar? Antes creemos que por la gracia del Señor Jesús seremos salvos, de igual modo que ellos» (Hechos 15:10-11). Si hay algo en su vida que *le* impida seguir a Dios o crea un yugo de esclavitud que no debería existir, regrese a la verdad básica de que su salvación es por medio de la fe en Cristo.

Ejemplos de vida

1. Lea Mateo 16:24-27. ¿Qué quiere decir, para usted, «tomar su cruz» (ver v. 24)?

2. ¿Cómo pierde usted su vida por causa de Cristo (ver v. 25)?

3. ¿Qué vida encuentra cuando hace eso (ver vv. 25-26)?

4. ¿Por qué es tan importante preservar su alma?

5. ¿Qué promesa puede ser suya si le permite a Cristo que viva por medio de usted (ver v. 27)?

Viva el principio

Dios no le llama a tener una vida más o menos *aceptable*. Él desea que su vida sea *extraordinaria*. Sin embargo, para lograr tener la vida que Él planeó para usted, su deber es dejar de ocuparse por asuntos insignificantes y enfocar su atención completamente en Él. ¿Podrá confiar en que el Señor Jesús viva por medio de usted y se encargue de todo lo que le inquieta?

¡Claro que podrá! El Dios que le salvó puede enseñarle a vivir para Él. No cabe duda de que el Señor que perdonó sus pecados y le ha dado una morada en el cielo puede hacer frente a aquella persona, situación o inquietud que a usted tanto le preocupa. Además, el Salvador a quien ha confiado su destino por la eternidad es más que capaz de encargarse de todos los asuntos que para usted son cargas pesadas. Por consiguiente, deje de preocuparse para que al fin pueda experimentar la vida verdadera en Cristo.

«Corramos con paciencia la carrera que tenemos
por delante, puestos los ojos en Jesús, el autor
y consumador de la fe» (Hebreos 12:1-2)

¿Cómo pondrá usted en práctica esta semana el Principio de vida 24? Medite en las preocupaciones que han estado perturbándole y sométalas a Dios. Después, pase tiempo en oración para que Dios le permita tener comunión íntima con Él y para que transforme su vida, a fin de que usted pueda impactar favorablemente al mundo para el reino de Dios.

Lecciones de vida para recordar

- No hay nada que usted pueda hacer para ganar el regalo de la salvación de Dios y su nueva identidad en Cristo; todo ello se le da gratuitamente (ver Efesios 2:8-10).
- Dios desea tener una relación íntima y diaria con usted, en la cual experimente su presencia, confíe en su sabiduría y se apoye en sus fuerzas (ver Isaías 58:2).
- La vida llena del Espíritu se distingue por tener propósito, poder y eficacia (ver Romanos 8:14-17).

Dios nos bendice para que nosotros podamos bendecir a otros

El que hurtaba, no hurte más, sino trabaje, haciendo con sus manos lo que es bueno, para que tenga qué compartir con el que padece necesidad.

EFESIOS 4:28

Preguntas de la vida

¿Su amor a Dios le motiva a servir a los demás? ¿Le inspira su relación con Cristo a consolar a otras personas, tal como Él lo ha hecho por usted? Cada individuo necesita aliento a veces, pero en gran parte este mundo está experimentando una sequía de palabras de consuelo, ejemplos edificantes, historias inspiradoras sobre la bondad de Dios y expresiones genuinas de aprecio. Es mucho más probable que escuche palabras negativas de crítica, culpa y ridículo —a diario— que expresiones positivas de elogio, reconocimiento y gratitud.

Tal vez usted crea que no tiene mucho que ofrecer a los que necesitan ayuda, pero sí tiene. En efecto, son muchas las maneras en que puede ministrar a otros gracias a las aptitudes y recursos con los cuales Dios le ha dotado. Si conoce a Jesucristo como su Señor y Salvador, puede compartir su fe con quienes jamás han conocido lo que es el perdón de sus pecados y no saben dónde pasarán la eternidad. Si Dios le ha dotado con ciertos talentos específicos o le ha concedido tener suficientes ingresos, usted puede ayudar a los demás con lo que le ha sido dado. Si Dios le ha hecho pasar por una situación difícil y le ha llevado al otro lado, puede compartir su historia con alguien que enfrente esas mismas circunstancias.

La Primera Carta de Pedro 4:10 enseña: «Cada uno según el don que ha recibido, minístrelo a los otros, como buenos administradores de la multiforme gracia de Dios». ¿Está dispuesto a ser buen administrador de lo que Dios le ha concedido? En ese caso, busque oportunidades concretas para bendecir a los demás y acoja el Principio de vida 25: *Dios nos bendice para que nosotros podamos bendecir a otros.*

Lo que la Biblia dice

1. Lea Efesios 4:1-6. ¿Cuáles son las cualidades de una vida que es digna de Cristo (ver vv. 1-3; ver también Colosenses 3:12-13)? ¿Por qué son importantes esas cualidades (ver vv. 4-6)?

El Señor Jesús entregó su vida para que muchos pudieran ser salvos (ver Lucas 19:10). Si usted ha de representarlo (ver 2 Corintios 5:20), ¿no debería ser semejante a Él en carácter y propósitos?

2. Lea Efesios 4:7-16. ¿Qué les dio Cristo a los creyentes para que pudieran ayudarse unos a otros (ver vv. 7-8)?

3. ¿Cuál cree usted que sea su don espiritual (ver vv. 11-12; ver también Romanos 12:4-8)? ¿Para qué se le dio ese don (ver vv. 13-16)?

4. Lea Efesios 4:17-32. ¿Cómo debe verse a sí mismo y a los demás? ¿Cuál debería ser su objetivo con respecto a los demás (ver vv. 21-24; 28-29; ver también Filipenses 2:1-4)?

5. ¿Por qué cree usted que la actitud negativa o sus acciones egoístas entristecen al Espíritu Santo (ver vv. 30-31; ver también Romanos 8:26-29)? ¿Qué alegra al Espíritu Santo (ver v. 32)?

Lo que significa

Éfeso era una ciudad rica e influyente de Asia Menor. Pablo estaba en prisión (ver Efesios 3:1; 4:1; 6:20) y debe haber pensado en la asombrosa influencia que los creyentes de Éfeso podrían ejercer, en cuanto a Cristo, en el mundo. Sin embargo, él sabía que primero tenían que aprender que su verdadera riqueza no estaba en la abundancia de bienes terrenales, sino en las bendiciones espirituales mediante las cuales animaban a los demás (ver Efesios 1). Pablo les enseñó a recordar las palabras de Jesús, que dijo: «Más bienaventurado es dar que recibir» (Hechos 20:35). Ellos necesitaban darse cuenta de que la razón por la que Dios les había dado tales bendiciones era con el fin de que las usaran para su gloria y para el avance del evangelio. Lo mismo es cierto para usted. Los dones que Dios le ha dado no son para que los acapare. Son para que los use sabiamente al ministrar a otros a través del poder y la sabiduría del Espíritu Santo.

«No temáis [...] porque a vuestro Padre le ha placido daros el reino. Vended lo que poseéis, y dad limosna; haceos bolsas que no se envejezcan, tesoro en los cielos que no se agote, donde ladrón no llega, ni polilla destruye. Porque donde está vuestro tesoro, allí estará también vuestro corazón» (Lucas 12:32-34).

Ejemplos de vida

1. Lea 1 Corintios 12:4-11. ¿Qué le hace *diferente* a usted de los demás creyentes (ver vv. 4-6)? ¿En qué debe *parecerse* a otros creyentes?

2. ¿Para provecho de quién le da el Espíritu Santo dones, talentos y bendiciones (ver v. 7)?

3. ¿Por qué cree que el Espíritu Santo quiso darle a usted específicamente los dones que ha recibido (ver v. 11)?

4. Lea 1 Corintios 12:12-19. ¿Por qué sus dones son esenciales para la iglesia?

5. ¿Está usted utilizando sus dones de manera que honren a Dios y sean de edificación para otras personas?

Viva el principio

¿Quiénes son las personas especiales que Dios ha usado para moldear su vida? ¿Ha considerado alguna vez cuánto dieron por usted y cuán dispuestos compartieron los dones que Dios les proporcionó? Ellos fueron fieles en bendecirle con lo que Dios les había dado, por lo que usted también debería serlo.

¿Se le pueden confiar a usted las bendiciones que Dios le ha dado? ¿Le motiva su amor por Dios a ministrar a otros y bendecirlos para gloria de Dios? ¿Le inspira su relación con Cristo a dar con libertad para que otros puedan recibir salvación, consuelo y gozo? Solo usted puede impedir que la bondad de Dios fluya por medio de su vida y hacia la de los demás, cosa que hace al acaparar sus dones. Por lo tanto, cuente sus bendiciones y busque oportunidades para hacer brillar la luz y el amor de Dios en la vida de otras personas. Luego dé un paso atrás y observe cómo obra el Señor. Pronto verá que es mucho más dichoso dar que recibir.

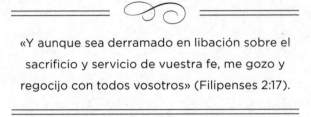

«Y aunque sea derramado en libación sobre el sacrificio y servicio de vuestra fe, me gozo y regocijo con todos vosotros» (Filipenses 2:17).

¿Cómo pondrá usted en práctica esta semana el Principio de vida 25? Reflexione en las distintas maneras en que puede compartir sus dones, recursos y bendiciones con otras personas. Después, pase tiempo en oración para que Dios le permita tener comunión íntima con Él y para que transforme su vida, a fin de que usted pueda impactar favorablemente al mundo para el reino de Dios.

Lecciones de vida para recordar

- ✤ Dios le salvó porque le ama (ver Efesios 1:3-6).
- ✤ Dios le salvó para que Él sea glorificado (ver Mateo 5:16).
- ✤ Usted se parece más a Cristo cuando sirve a los demás (ver Mateo 20:27-28).

PRINCIPIO DE VIDA 26

La adversidad es un puente que nos conduce a una relación más profunda con Dios

Y ciertamente, aun estimo todas las cosas como pérdida por la excelencia del conocimiento de Cristo Jesús [...] a fin de conocerle, y el poder de su resurrección, y la participación de sus padecimientos.

FILIPENSES 3:8-10

Preguntas de la vida

Nada hay más solitario que el sufrimiento porque parece que nadie entendiera lo que uno está experimentando. Si tiene logros y prosperidad, sus seres queridos se reunirán para compartir su alegría y festejar su éxito. Pero en momentos de dolor, la gente es un tanto distante, incluso al tratar de apoyarle y consolarle. Es que no pueden llegar a lo más hondo de ese lugar donde su dolor ha echado raíces.

En momentos como esos, uno suele preguntarse: *¿Dónde está Dios? ¿Por qué ha permitido esto? ¿Me ha dejado solo para luchar con mis propios recursos? ¿Acaso Dios me ha abandonado?* Sin embargo, es todo lo contrario. Salmos 34:18 nos lo asegura: «Cercano está Jehová a los quebrantados de corazón; y salva a los contritos de espíritu». Dios no se aleja de usted en la adversidad. Al contrario, está cercano e indicándole sus caminos.

Cuando todo va bien, es posible que sea fácil olvidar que necesitamos a Dios, pero cuando llegan los problemas, solo Dios puede consolarnos en lo más profundo de nuestro ser. Es entonces cuando capta nuestra atención y procede a enseñarnos el gozo inefable de su presencia maravillosa. Por esa razón, el Principio de vida 26 *nos enseña que la adversidad es un puente que nos conduce a una relación más profunda con Dios.*

Lo que la Biblia dice

1. Lea 2 Corintios 11:23-31. ¿Qué veía Pablo como confirmación de su ministerio (ver v. 23)? ¿Por qué cree usted que Pablo se gloriaba en sus adversidades y debilidades (ver v. 30)?

2. Lea Filipenses 3:3-11. ¿Qué dice Pablo en cuanto a tener confianza en sus logros terrenales o, como él lo expresa, en «la carne» (ver v. 3)?

Cuando Pablo escribe acerca de la *carne,* se refiere a nuestra
naturaleza humana y a nuestros deseos e inclinaciones
terrenales. Nuestra carne no se sujeta a Dios; casi siempre
se opone por completo al Espíritu Santo (ver Romanos 7).
La carne busca los placeres sexuales y da importancia a
los logros, la riqueza, la belleza y demás. En cambio, el
Espíritu le guiará a ser cada vez más semejante a Cristo,
y enfatizará la importancia de la obediencia a Dios.

3. ¿Por qué estaba satisfecho Pablo con perder todas sus ganancias
   y honores terrenales (ver vv. 7-8)? ¿Qué encontró Pablo en Cristo
   que no pudo obtener por medio de todas sus posesiones y títulos
   (ver v. 9)?

4. ¿Por qué cree usted que Pablo encontró la vida verdadera al llegar
   a ser semejante a Cristo en su muerte (ver vv. 10-11; ver también
   Marcos 10:29-30)?

Es maravillosamente liberador admitirlo: *¡Necesito a Dios!*

5. Lea Filipenses 3:12-21. ¿Cuál era la meta de Pablo (ver vv. 12-14; ver también 1:13-14, 21-26)? ¿Qué les sucede a quienes no tienen el mismo enfoque de Pablo, sino que depositan su confianza en los logros y las riquezas terrenales (ver vv. 17-19)?

Lo que significa

Pablo tenía todas las cosas que determinaban lo que era la vida fructífera y bendecida. Desde su nacimiento, observó la ley al pie de la letra y llegó a ser un fariseo prominente. Gozaba de protagonismo social. Podía remontar su linaje hasta Benjamín, el hijo menor de Jacob, y era descendiente de Saúl, el primer rey de Israel. Nació en Tarso, lo que le dio todos los derechos y privilegios de un ciudadano romano. Pocos podrían igualar las credenciales y los logros de Pablo. Sin embargo, por muy piadoso o perfecto que fuera, no era suficiente. Pablo necesitaba a Jesús. No fue mediante su éxito que experimentó a Dios, sino mediante el sufrimiento y la adversidad. Y durante esos momentos, Dios lo tocó tan profunda e íntimamente que Pablo se dio cuenta de lo invaluable que era experimentar la adversidad (ver Romanos 5:3-5; 8:17-18; 2 Corintios 1:3-11; 12:7-10; Colosenses 1:24).

«Pues tengo por cierto que las aflicciones del tiempo presente no son comparables con la gloria venidera que en nosotros ha de manifestarse» (Romanos 8:18).

Ejemplos de vida

1. Lea 2 Corintios 4:5-16. ¿Para qué resplandeció Dios en nuestros corazones (ver vv. 5-6)?

2. Así que, ¿cuál es el tesoro que tenemos dentro de nosotros como creyentes (ver v. 7)?

3. ¿Por qué Dios permite que personas imperfectas sean portavoces de su precioso evangelio (ver vv. 8-10)?

4. ¿Quién se beneficia más de nuestra adversidad (ver vv. 15-16)?

5. ¿Cómo ha usado Dios la adversidad para fortalecer su fe y su confianza en Él?

Viva el principio

Sus pruebas pueden ser prolongadas, intensas, confusas, complicadas y angustiosas. A veces sentirá la tentación de frustrarse, impacientarse y hasta enojarse con Dios. Sin embargo, cuanto más insista en aferrarse a sus fuentes terrenales de placer y conquistas para aliviar sus heridas, más tiempo tomará Dios para enseñarle que Él es el único que puede sanar su alma. Y cuanto más insista se aleje y se rebele contra su voluntad, más se prolongará el tiempo de su aflicción.

La reacción más acertada a sus problemas es rendir su voluntad a Dios y crecer en su relación con Él. Mantenga su enfoque en Él. Confíe en su amor, su sabiduría y su fortaleza, ya que si usted actúa correctamente conocerá a Dios de una manera más profunda e íntima, y el propósito divino se cumplirá en su vida. Además, verá su gloria de la manera que jamás se ha imaginado.

¿Cómo pondrá usted en práctica esta semana el Principio de vida 26? ¿Ha experimentado el consuelo profundo y la presencia de Dios? Describa las pruebas que está enfrentando y cómo, por medio de ellas, Dios ha estado llegando hasta lo más profundo de su alma para acercarle a Él. Después, pase tiempo en oración para que Dios le permita tener comunión íntima con Él y para que transforme su vida, a fin de que usted pueda impactar favorablemente al mundo para el reino de Dios.

Lecciones de vida para recordar

- ↬ El objetivo de Dios, en la adversidad, es acercarle más a Él (ver 2 Corintios 1:3-7).
- ↬ Cuando le azote la adversidad, acuda a Dios inmediatamente (ver Salmos 40:1-3).
- ↬ La adversidad es un instrumento que Dios utiliza para amoldar a sus siervos para el servicio (ver 1 Pedro 1:6-7).

PRINCIPIO DE VIDA 27

No hay nada como la oración para ahorrar tiempo

Por lo demás, hermanos, orad por nosotros, para que la palabra del Señor corra y sea glorificada, así como lo fue entre vosotros.

2 TESALONICENSES 3:1

Preguntas de la vida

Cada mañana usted se despierta consciente de que no puede desperdiciar ni un solo segundo porque tiene muchas demandas. Su corazón y su mente comienzan a acelerarse. *No me va a alcanzar el tiempo para hacer todo*, se dice a sí mismo. Tan pronto como sus pies tocan el piso, puede sentir el impulso de salir corriendo y emprender la actividad que le espera. Pero eso es justo lo que *no* se debe hacer.

Antes de lanzarse al tumulto del ajetreo y la competencia incesante por su atención, debe tomarse un momento para concentrarse en su Padre celestial y buscarlo en oración. Lo más probable es que la oración sea una de las cosas que ha decidido sacrificar para sacarle unos minutos más a su día. Puede que piense: *Ah, lo siento, Dios, es que no puedo detenerme.* Pero considere esto como una llamada de atención. No puede darse el lujo de dejar a Dios fuera de su planificación.

Si quiere aprovechar al máximo cada momento, debe comenzar su día con Aquel que tiene en sus manos cada segundo de su vida. A medida que haga esto de manera constante, llegará a descubrir la verdad del Principio de vida 27: *No hay nada como la oración para ahorrar tiempo.*

Lo que la Biblia dice

1. Lea 2 Tesalonicenses 1:3-12. ¿Qué acontecimiento tenía presente Pablo cuando escribió su segunda carta a los tesalonicenses (ver vv. 7-10)? ¿Cuál es la oración de Pablo por los creyentes tesalonicenses (ver vv. 11-12)?

2. Lea 2 Tesalonicenses 2:1-7. ¿Cómo sabrían los tesalonicenses que el día del Señor habría de llegar (ver vv. 3-4)?

La iglesia de Tesalónica era una congregación joven, fuerte y floreciente, compuesta principalmente por gentiles. Sin embargo, debido a la creciente persecución y a los falsos maestros que distorsionaban la verdad, los tesalonicenses empezaron a preocuparse pensando que se habían perdido la Segunda Venida de Cristo.

3. Lea 2 Tesalonicenses 2:8-12. ¿Por qué cree que Dios permitirá que aquel inicuo se manifieste antes de que el Señor lo destruya? (ver v. 12; ver también Mateo 13:41-43; 24:7-14).

4. Lea 2 Tesalonicenses 3:1-5. Consciente de que la advertencia de Pablo sobre la condenación que les espera a los perversos e incrédulos (ver 2:12), ¿qué deben hacer los creyentes al respecto (ver vv. 1-2)?

5. En vez de preocuparse por proclamar el evangelio, Pablo estaba confiado. ¿En qué basaba su confianza (ver v. 3)? ¿Con qué contaba respecto a otros creyentes (ver v. 5)?

Lo que significa

Pablo conocía el mandato de Cristo en cuanto a que los creyentes fueran testigos suyos «hasta lo último de la tierra» (Hechos 1:8). También sabía que antes del regreso de Cristo, sería predicado el evangelio del reino en todo el mundo (Mateo 24:14). Debido a que el Señor les había dicho a sus discípulos: «Hay algunos de los que están aquí, que no gustarán la muerte hasta que vean el reino de Dios» (Lucas 9:27), ya que la persecución de los creyentes estaba intensificándose, muchos creían que el regreso de Cristo era inminente. Faltaba tanto por hacer, tantas personas por alcanzar, que Pablo debe haberse sentido agobiado por la tarea, sobre todo en vista de los muchos obstáculos que asediaban a los creyentes. Sin embargo, sabía que Dios sí podía llevarla a cabo. Si Pablo se mantenía en comunicación constante con el Señor mediante la oración, Dios haría que su tiempo rindiera al máximo y le daría la sabiduría y las fuerzas necesarias para desempeñar su trabajo en la misión.

Ejemplos de vida

1. Lea Filipenses 4:4-7. ¿Por qué nos exhorta Pablo a mantenernos calmados, cordiales y gozosos en el Señor (ver vv. 4-6)?

2. ¿Qué debe usted hacer en lugar de preocuparse por sus problemas (ver v. 6)?

3. ¿Por qué, el hecho de entregar sus afanes a Dios, le dará paz (ver v. 7)?

4. Lea Proverbios 2:1-9. ¿Cuáles son las características de una persona que quiere recibir sabiduría y entendimiento de Dios (ver vv. 1-5)?

5. ¿De qué manera el hábito de escuchar a Dios le permite comprender «la justicia y el juicio, la equidad y todo buen camino» (v. 9)?

«Mas ciertamente me escuchó Dios; atendió a la voz de mi súplica. Bendito sea Dios, que no echó de sí mi oración, ni de mí su misericordia» (Salmos 66:19-20).

Viva el principio

Todo lo que usted necesita llevar a cabo puede parecerle abrumador e inalcanzable. Sin embargo, recuerde que «lo que es imposible para los hombres, es posible para Dios» (Lucas 18:27). Dios sabe todo lo que le sucederá a usted hoy, hasta aquello de lo que usted no está al tanto y sabe la mejor manera en que usted puede realizar sus tareas. Por ende, usted debe pasar tiempo escuchándolo en oración, recibiendo su sabiduría e instrucción y saturándose de su Espíritu y su poder.

Guarde silencio en su presencia, descanse en Él y permítale ordenar sus pasos. Dios le impedirá avanzar en una dirección equivocada o que pierda tiempo en actividades inútiles. Él le dará la calma necesaria para realizar las actividades que requieren esmero y precisión, y le dará rapidez para avanzar en las que sean menos importantes. También le ayudará a evitar todas las trampas que le hacen perder tiempo valioso. Ya sea que enfrente un día tranquilo o uno lleno de actividad, comprométase con el itinerario de Dios y su guía por medio de la oración. Encontrará que su tiempo con Dios es la mejor inversión que hace todos los días.

Dios responderá nuestras oraciones en el mejor momento.

¿Cómo pondrá usted en práctica esta semana el Principio de vida 27? Reflexione en las ocasiones en las que le ha encomendado su día a Dios y que Él ha hecho obras asombrosas por medio de usted. Después, pase tiempo en oración para que Dios le permita tener comunión íntima con Él y para que transforme su vida, a fin de que usted pueda impactar favorablemente al mundo para el reino de Dios.

Lecciones de vida para recordar

- ❧ Acuda a Dios antes de tomar decisiones (ver Mateo 6:33).
- ❧ Dedíquese a buscar las instrucciones de Dios cada día (ver Daniel 6:10).
- ❧ Escuche la instrucción de Dios al orar (ver Jeremías 33:3).

PRINCIPIO DE VIDA 28

Ningún creyente ha sido llamado a transitar solitario en su peregrinaje de fe

*Y considerémonos unos a otros para estimularnos
al amor y a las buenas obras; no dejando de
congregarnos, como algunos tienen por costumbre.*

HEBREOS 10:24-25

Preguntas de la vida

Hay muchas razones por las que la gente no asiste a la iglesia. Algunos rehúsan hacerse miembros de una iglesia porque han tenido pésimas experiencias con «gente religiosa». Otros viven tan lejos de una congregación que enseñe la verdad bíblica, que no les parece práctico ser miembros activos. Algunas personas son tímidas y tienen dificultad para sincerarse con otros o tienen tantas responsabilidades que no creen tener la energía suficiente para participar como es debido. Además, hay quienes temen tanto ser víctimas del más mínimo rechazo que se aíslan de los demás, incluidos otros cristianos.

Y hace poco, ha surgido una nueva tentación. Muchas personas se han acostumbrado a la iglesia en línea: quedarse en casa y ver los sermones a través de plataformas de transmisión populares o pódcasts. Podemos escuchar a nuestros oradores favoritos a pedido, lo que aparentemente nos permite acomodar al Señor en nuestros horarios ocupados en vez de organizar nuestras vidas en torno a Él. Sin embargo, la tecnología que se hizo para llevar el evangelio más allá de los muros de la iglesia o proporcionar instrucción adicional no reemplaza al Cuerpo de Cristo.

Dios nos creó a cada uno para que tuviéramos comunión con Él y con otros creyentes. Por tanto, no importa qué razón pueda tener para separarse del Cuerpo de Cristo, sepa que palidece en comparación con la razón por la que Dios quiere que se involucre en la iglesia. Usted necesita amor, aliento, compañerismo, rendir cuentas y una salida espiritual; todo eso por medio de otros creyentes que Dios tiene para esas funciones. Es por esta razón que el Principio de vida 28 instruye: *Ningún creyente ha sido llamado a transitar solitario en su peregrinaje de fe.*

Lo que la Biblia dice

1. Lea Hechos 6:8-15. ¿De qué fue acusado Esteban por los judíos?

2. Lea Hechos 7:51-60. ¿Por qué condenó Esteban a los líderes judíos (ver vv. 51-52)? ¿Qué le hicieron ellos a Esteban (ver vv. 58-60)?

3. Lea Hechos 8:1-4. ¿Qué sucedió tras la muerte de Esteban? ¿Cómo reaccionaron algunos cristianos ante la persecución? (ver v. 4)?

4. Lea Hebreos 10:19-25. ¿Por qué los creyentes debemos siempre adorar a Dios abiertamente y con toda confianza (ver vv. 19-21; ver 4:14-16)?

5. Cualquiera sea la situación, ¿en qué debería basarse nuestra confianza (ver vv. 23, 35-36)? ¿Por qué debemos congregarnos con regularidad (ver vv. 24-25; ver también 3:12-14)?

En el Nuevo Testamento, *estimular* quiere decir *animar* o *motivar*. Debemos animar y motivar a los demás a que sean fieles a Dios. Pablo exhortó a Timoteo diciéndole: «Te aconsejo que avives el fuego del don de Dios que está en ti [...] Porque no nos ha dado Dios espíritu de cobardía, sino de poder, de amor y de dominio propio» (2 Timoteo 1:6-7).

Lo que significa

La comunidad judía era muy unida. Compartía sus antepasados, su tierra, sus tradiciones y el Tempo de Jerusalén como el centro de su adoración a Dios. Sin embargo, cuando los judíos empezaron a creer en Jesucristo como su Salvador y Mesías fueron repudiados y perseguidos por sus vecinos y sus propios familiares. Algunos se dispersaron a lo largo y ancho del mundo conocido; otros permanecieron en Jerusalén para hacer frente a la tempestad; pero todos deben haber tenido presente el peligro que corrían a causa de la persecución. Sin embargo, el escritor de Hebreos los exhortó a animarse unos a otros y permanecer firmes en la fe (ver Hebreos 3:13). Ellos necesitaban ganarse la confianza de otros creyentes, como usted también, en especial durante los momentos más difíciles. Otros cristianos le ayudarán a crecer en la fe y le brindarán el amor y el apoyo que necesita para enfrentar los desafíos que se avecinan.

Ejemplos de vida

1. Lea 1 Juan 3:13-19. ¿Por qué no debemos sorprendernos cuando el mundo se nos oponga (ver v. 13; ver también Juan 15:17-19)?

2. ¿A qué se debe que nuestro amor incondicional mutuo muestra que pertenecemos a Cristo y que somos salvos (ver v. 14; ver también 1 Juan 4:7-11)?

3. ¿Por qué se nos condena cuando nos negamos a amar a otros creyentes (ver vv. 14-15; ver también 1 Juan 4:20-21)?

4. ¿Qué deberíamos estar dispuestos a hacer por otros creyentes (ver v. 16; ver también Juan 15:13)? ¿Qué impacto tiene esto en nuestras opiniones, prejuicios e intereses?

5. ¿Qué nos amonesta a hacer este pasaje en nuestra relación con los necesitados (ver vv. 17-19; ver también Santiago 2:15-17)?

Un mandamiento nuevo os doy: «Que os améis unos a otros; como yo os he amado, que también os améis unos a otros. En esto conocerán todos que sois mis discípulos, si tuviereis amor los unos con los otros» (Juan 13:34-35).

Viva el principio

¿Le resulta fácil o difícil ser receptivo con otras personas? ¿Se considera una persona solitaria o naturalmente se inclina a relacionarse con los demás? Cualquiera sea su personalidad, usted necesita entender cuán importante es que sea parte de la iglesia. Aunque pueda ser más difícil para algunos que para otros, participar activamente en una congregación que cree en la Biblia es indispensable para *todo* cristiano.

Ante el bombardeo constante de las tentaciones mundanas y las influencias escépticas, ninguno de nosotros puede seguir siendo fiel por sí solo, pese a lo consagrado o estable que sea, pues sucumbirá ante la presión del mundo, o se alejará de la fe. Además, se perderá la vida abundante que Dios planeó para usted, porque uno de sus aspectos importante es dar amor incondicional a otros creyentes y recibirlo de ellos a cambio. Tiene que participar en una iglesia local, una que le anime, le haga responsable, le desafíe a crecer, le ayude a expresar sus dones espirituales y le alimente con la Palabra de Dios. Recuerde, el Cuerpo de Cristo no está completo sin usted, así que no espere más para cumplir el rol para el que fue creado.

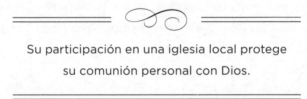

Su participación en una iglesia local protege
su comunión personal con Dios.

¿Cómo pondrá usted en práctica esta semana el Principio de vida 28? Discuta en grupo su participación actual en la iglesia local. Estimúlense unos a otros en su servicio al Señor y averigüen de qué maneras pueden apoyarse unos a otros. Después, pase tiempo en oración para que Dios le permita tener comunión íntima con Él y para que transforme su vida, a fin de que usted pueda impactar favorablemente al mundo para el reino de Dios.

Lecciones de vida para recordar

- ⚘ Reunirse periódicamente con otros creyentes le ayudará a estimular su fe (ver Hebreos 10:24).
- ⚘ La comunión con otros cristianos le ayudará a resguardar su estabilidad (ver Hebreos 3:13).
- ⚘ Usted es responsable de usar sus dones para animar a otros creyentes (ver 1 Pedro 4:10).

Aprendemos más en nuestras experiencias por el valle de lágrimas que en las de la cumbre del éxito

Hermanos míos, tomad como ejemplo de aflicción y de
paciencia a los profetas que hablaron en nombre del Señor.
SANTIAGO 5:10

Preguntas de la vida

Muchos de los principios de vida se enfocan en cómo reacciona-mos ante la adversidad. Se podría decir que esto refleja la cantidad de adversidad que enfrentan los creyentes. Sin embargo, eso se debe principalmente al hecho de que los puntos bajos de la vida son mucho mejores maestros que los altos.

En Salmos 23:4, David escribió: «Aunque ande en valle de som-bra de muerte, no temeré mal alguno, porque tú estarás conmigo». Cuando uno está en el valle, puede parecer que las paredes se van cerrando alrededor y no hay escapatoria. Puede que piense: *¿Es esto todo? ¿Esto es todo lo que hay? ¿Es este el final de mi historia?* Pero anímese: el valle no es el final. De hecho, es posible que Dios le esté llevando a través del valle para instruirle en cuanto a lo que necesita saber para que pueda alcanzar —y apreciar de verdad— la cima de la montaña.

Las cosas *cambiarán* porque la voluntad de Dios para usted es «buena, agradable y perfecta» (Romanos 12:2). Sin embargo, en este momento, podría haber algo en el valle que Dios quiere que usted aprenda. Así que considere cómo está obrando el Señor en su vida y atesore en su corazón el Principio de vida 29: *Aprendemos más en nuestras experiencias por el valle de lágrimas que en las de la cumbre del éxito.*

Lo que la Biblia dice

1. Lea Santiago 1:1-8. ¿A quiénes fue dirigida esta carta (ver v. 1)? ¿Por qué debían tener sumo gozo en sus pruebas (ver vv. 2-3)?

Santiago escribe a los judíos cristianos que fueron descritos en el Principio de vida 28, los cuales huyeron de Jerusalén por la persecución de las autoridades judías (ver Hechos 8:1-4). Desterrados de sus hogares y lejos de sus seres queridos, tampoco fueron recibidos por sus nuevas comunidades.

2. ¿Por qué la paciencia es una característica tan importante (ver v. 3)? ¿Cómo pueden los creyentes mantener la paciencia en medio de las circunstancias difíciles (ver v. 4; ver también Proverbios 2:2-8)?

3. Lea Santiago 5:7-11. ¿Qué deben anhelar los creyentes (ver v. 7)?

4. ¿Por qué cree que aumentan las quejas contra los demás cuando estamos bajo presión? ¿Cómo podemos evitar quejarnos cuando estamos en una situación difícil (ver v. 9)?

5. ¿Por qué nos animamos al recordar el ejemplo de los profetas como Moisés, Samuel, Isaías, Habacuc y otros (ver vv. 10-11; ver también Romanos 15:4)?

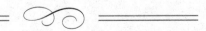

A veces Dios permitirá que carezcamos de comodidades terrenales o humanas para que estemos dispuestos a depender solamente de Él.

Lo que significa

En el Nuevo Testamento hay dos palabras para expresar el término *paciencia*. La primera tiene que ver con circunstancias difíciles e indica *mantener el rumbo o persistir*. La segunda es más personal porque tiene que ver con la manera en que nos relacionamos con otras personas. Y se refiere a *mantenerse alejado de la furia o abstenerse de arranques de rabia*. Los creyentes de la iglesia primitiva sufrían persecución y comenzaban a volverse unos contra otros. Por eso, Santiago les advierte que sean pacientes y confíen en Dios. Y les escribe: «He aquí, tenemos por bienaventurados a los que sufren. [...] el Señor es muy misericordioso y compasivo» (Santiago 5:11). Es probable que sus pruebas también muestren ira, amargura o falta de perdón y le resulte difícil perseverar. Si es así, está empezando a entender lo que Dios quiere que aprenda por medio de su prueba. Recuerde, será bendecido si resiste, así que acepte lo que le enseña.

Ejemplos de vida

1. Lea Santiago 5:13-16. ¿Cómo le ayudan sus pruebas a acercarse más a los demás y a Dios?

2. Lea 1 Reyes 17:1 y 18:1. ¿Cuánto tiempo dejó de llover en la tierra de Israel?

3. Lea 1 Reyes 18:41-45. ¿Qué dijo Elías que sucedería (ver v. 41)?

4. ¿Cuántas veces le dijo Elías a su criado que fuera a ver si había llovido (ver v. 43)? ¿Cómo contestó Dios la oración de Elías (ver v. 45)?

5. Lea Santiago 5:17-18. ¿Cómo puede ayudarle el hecho de saber que Elías es como usted cuando está en un valle?

Viva el principio

Cada ocasión que usted experimenta cualquier adversidad es porque Dios quiere mostrarle su poder y su amor. Tal vez desee captar su atención para librarle de algún yugo emocional o de hábitos destructivos. Es posible que haya una actitud o comportamiento en usted que esté perturbando la obra de Dios en su vida, y que necesite eliminar. Tal vez haya alguna cualidad preciosa que Él quiera desarrollar en usted.

Cualquiera que sea la razón de la prueba, Dios nunca la impone para perjudicarle. Más bien, lo hace para el bien de usted, para que pueda convertirse en todo aquello para lo que fue creado y para que experimente abundantes bendiciones. Por lo tanto, responda en una manera que lo honre. Manténgase cerca de Él en oración y por medio de la lectura de su Palabra, obedeciendo todo lo que le diga que haga.

Aprenda a través de sus experiencias en los valles para que Dios pueda prepararle para las cimas de las montañas, porque su historia no ha terminado. Lo mejor está por venir.

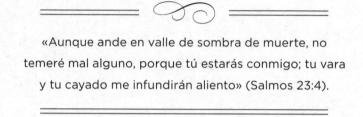

«Aunque ande en valle de sombra de muerte, no temeré mal alguno, porque tú estarás conmigo; tu vara y tu cayado me infundirán aliento» (Salmos 23:4).

¿Cómo pondrá usted en práctica esta semana el Principio de vida 29? Medite en los valles que ha experimentado últimamente y lo que Dios está enseñándole por medio de ellos. Después, pase tiempo en oración para que Dios le permita tener comunión íntima con Él y para que transforme su vida, a fin de que usted pueda impactar favorablemente al mundo para el reino de Dios.

Lecciones de vida para recordar

- La adversidad capta su atención (ver Salmos 77:2).
- La adversidad le lleva a examinarse (ver Salmos 77:6-12).
- La adversidad conduce a un cambio de conducta (ver Salmos 119:67).

PRINCIPIO DE VIDA 30

El deseo ferviente por el regreso del Señor nos mantiene viviendo productivamente

«He aquí yo vengo pronto, y mi galardón conmigo,
para recompensar a cada uno según sea su obra».
APOCALIPSIS 22:12

Preguntas de la vida

¿Qué haría usted si supiera que el Señor Jesucristo regresará en toda su gloria en cuestión de horas? Esta pregunta no es un ejercicio frívolo de especulación; puede ser el estímulo que necesita para examinar su andar de fe. ¿Se alegraría y se prepararía para la celebración? ¿O le gustaría limpiar algunos detalles de su vida antes de que regresara?

La iglesia primitiva vivía con la expectativa del regreso de Cristo. Algunos de los creyentes habían sido seguidores cercanos del Señor y estaban deseosos de estar nuevamente en su presencia. Otros habían escuchado a los apóstoles hablar de su cercanía con Jesús, por lo que no podían esperar para verlo cara a cara. Había un gran entusiasmo en la iglesia primitiva por el regreso de Cristo; con frecuencia era el tema de las conversaciones de los creyentes debido a la esperanza y el gozo que suscitaba en ellos.

La segunda venida de Cristo también debe inspirar regocijo y expectativa en los creyentes de hoy. Después de todo, 1 Tesalonicenses 4:16-17 nos dice: «Porque el Señor mismo con voz de mando [...] descenderá del cielo; y los muertos en Cristo resucitarán primero. Luego nosotros los que vivimos, los que hayamos quedado, seremos arrebatados juntamente con ellos en las nubes para recibir al Señor en el aire, y así estaremos siempre con el Señor». Cuando el Señor regrese, vendrá para llevarle a su nuevo hogar en el cielo, al lugar que ha preparado especialmente para usted (ver Juan 14:1-3). Será un momento maravilloso, y no querrá que ningún arrepentimiento perturbe su feliz reunión con el Señor. Esta es la razón por la que el Principio de vida 30 nos recuerda que: *El deseo ferviente por el regreso del Señor nos mantiene viviendo productivamente.*

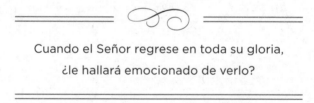

Cuando el Señor regrese en toda su gloria,
¿le hallará emocionado de verlo?

Lo que la Biblia dice

1. Lea Mateo 24:36-44. ¿Cómo supo Noé que llegaría el diluvio (ver vv. 37-39; ver también Génesis 6:13-22)? ¿Quién más sabía?

2. ¿Qué clase de actividades estará haciendo la gente cuando Jesús regrese? (ver vv. 40-41)?

3. ¿Por qué debería usted velar por el regreso de Cristo, aunque no sepa cuándo viene (ver vv. 42-44)?

4. Lea Mateo 24:45-51. ¿Qué le sucedió al siervo que se dedicó a hacer su trabajo en preparación para el regreso de su señor? ¿Qué ocurrió con el siervo malo?

5. ¿Cómo cree usted que deberían prepararse los creyentes para el regreso de Cristo (ver v. 46; ver también 1 Tesalonicenses 5:2-11)? ¿A quién necesita advertirle en cuanto a las consecuencias de ignorar el regreso del Señor (ver vv. 50-51)?

En el juicio del gran trono blanco (ver Apocalipsis 20:11-15),
todos seremos juzgados de acuerdo con si aceptaron
a Cristo como nuestro Salvador o no. Los que no serán
lanzados al lago de fuego y azufre, en tanto que los
redimidos serán bienvenidos en el cielo. Sin embargo,
también los creyentes deberemos comparecer «ante el
tribunal de Cristo» para entregar cuentas de nuestras
obras (ver 1 Corintios 3:11-15; 2 Corintios 5:9-10).

Lo que significa

Tal vez usted esté pensando: *Aun en el primer siglo muchos creían que iba a volver pronto. Es muy probable que el regreso del Señor esté mucho más lejos de lo que pensamos. Así que, todavía nos queda bastante tiempo.* Sin embargo, esa es una manera muy imprudente de vivir. Usted no tiene ni la menor idea de cuándo le llamará Dios al cielo, ya sea porque regrese o por algún otro medio. Tampoco sabe cuándo requerirá las almas de sus seres queridos (ver Lucas 12:20). Ninguno de nosotros tiene el mañana asegurado (ver Santiago 4:13-15). Siempre debe recordar que puede ver al Señor en cualquier momento, porque eso puede mantenerle motivado para servirle con toda su fuerza, todo su corazón, toda su mente y toda su alma.

Ejemplos de vida

1. Lea Apocalipsis 22:1-5. ¿Cómo será el cielo (ver vv. 1-2)? ¿Qué harán los creyentes allá (ver vv. 3-5)?

2. Lea Apocalipsis 22:6-21. ¿Indica este pasaje de las Sagradas Escrituras un lapso largo o corto antes de la venida de Cristo (ver vv. 6-7)? Explique su respuesta.

3. ¿Cuál es la promesa de Cristo para quienes le sirven fielmente (ver vv. 12-14)?

«No entrará en ella ninguna cosa inmunda, o que hace abominación y mentira, sino solamente los que están inscritos en el libro de la vida del Cordero» (Apocalipsis 21:27).

4. Usted es la iglesia o la esposa de Cristo. ¿Ha dicho alguna vez «Ven. [...] Y el que tiene sed, venga; y el que quiera, tome del agua de la vida gratuitamente» (ver v. 17)?

5. ¿Cuál será su reacción cuando Cristo venga (ver v. 20)?

Viva el principio

La Segunda Venida de Cristo no debería ser una esperanza remota para usted. Más bien, debería ser un recordatorio cotidiano de que Dios *siempre* está activo en su vida. Dios le ha dejado en la tierra después de salvarle con dos objetivos principales. El primero, para que usted crezca espiritualmente en su relación y unidad con Él. El segundo es para que lleve a otros al conocimiento personal de Jesucristo con el fin de que sean salvos. ¿Se ha ocupado en cumplir estos dos objetivos? ¿Ha vivido buscando y sirviendo a Dios, acordándose del galardón maravilloso que le espera?

Siempre es bueno mantener el regreso de Cristo en sus pensamientos en primer plano para que cuando al fin esté frente a Cristo pueda alegrarse tanto de verlo como Él se alegrará de verle a usted. Así que, manténgase motivado y regocíjese por la gloriosa esperanza que le aguarda en un futuro cercano. Disfrute su vida cristiana a plenitud y fije firmemente su mirada y su corazón en la promesa del regreso de Cristo. Él ha preparado una gran recompensa y un hogar sin igual para usted en el cielo. Así que permanezca firme, trabajando con diligencia y velando con gloriosa expectación, ya que un día, quizás mucho antes de lo que usted espere, verá al Señor cara a cara.

¿Cómo pondrá usted en práctica esta semana el Principio de vida 30? Describa lo que siente en cuanto a la Segunda Venida de Cristo. Celebre la presencia de Él en su grupo. Hablen sobre cómo pueden velar por su regreso y vivir como a Él le agrada. Después, pase tiempo en oración para que Dios le permita tener comunión íntima con Él y para que transforme su vida, a fin de que usted pueda impactar favorablemente al mundo para el reino de Dios.

Lecciones de vida para recordar

- ~ Usted debe velar por el regreso del Señor (ver Ezequiel 33:7; Marcos 13:32-33).
- ~ Hay que trabajar como si el Señor volviera pronto (ver Mateo 9:37-38; 24:45-47).
- ~ Usted debe aguardar con entusiasmo la venida del Señor (ver Isaías 62:11-12).

GUÍA DEL LÍDER

Gracias por su disposición a guiar a su grupo a través de la *Guía de estudio 30 Principios de vida*. Las recompensas de ser líder son diferentes de las de los que solo participan; y mientras dirige, encontrará su propio caminar con Cristo profundizado por esta experiencia. Durante este estudio, usted y los miembros de su grupo explorarán 30 principios de vida bíblicos, así como la manera en que deben actuar como seguidores de Cristo. Hay varios elementos en esta guía del líder que le ayudarán a estructurar su tiempo de estudio y reflexión, así que sígalos y aproveche cada uno.

Antes de empezar

Antes de su primera reunión, asegúrese de que los participantes del grupo tengan una copia de esta guía de estudio para que puedan seguirla y tener sus respuestas escritas con anticipación. Alternadamente, puede entregar las guías en su primera reunión y darles a los miembros del grupo algo de tiempo para revisar el material con el fin de que hagan preguntas preliminares. Durante su primera reunión, asegúrese de enviar una hoja a la sala y haga que los miembros escriban sus nombres, números de teléfono y direcciones de correo electrónico para que pueda mantenerse en contacto con ellos durante la semana.

Por lo general, el tamaño ideal para un grupo es entre ocho y diez personas, lo que asegura que todos tengan tiempo para participar en las discusiones. Si tiene más personas, es posible que desee dividir el grupo principal en subgrupos más pequeños. Anime a los que asistan a la primera reunión a que se comprometan a asistir durante la duración del estudio, ya que eso ayudará a que los miembros del grupo se conozcan entre sí, creará estabilidad para el conjunto y le ayudará a saber cómo prepararse cada semana.

Cada lección comienza con una breve introducción al principio que usted y los miembros de su grupo estudiarán. Al comenzar su tiempo juntos, considere hacerlo con una pregunta para «romper el hielo», de modo que los miembros del grupo mediten sobre el tema que discutirán. Pida a las personas que compartan sus pensamientos iniciales sobre el tema, pero dígales que sean breves en sus respuestas. Idealmente, busque que todos en el grupo tengan la oportunidad de responder preguntas, así que trate de mantener las respuestas en un minuto o menos. Si tiene miembros del grupo muy conversadores, asegúrese de indicar desde el principio que todos deben limitar su respuesta a un minuto.

Durante el tiempo de discusión en grupo, los miembros deben compartir sus respuestas que escribieron a las preguntas durante la semana. Así que anímelos a completar siempre esos ejercicios antes de las reuniones colectivas. Además, invítelos a llevar a su próxima reunión cualquier pregunta y perspectiva que hayan descubierto mientras leían y estudiaban la Biblia, especialmente si tuvieron un momento decisivo o no entendieron algo de lo que leyeron.

Preparación semanal

Como líder del grupo, hay algunas cosas que puede hacer con el objeto de prepararse para cada reunión:

- *Familiarícese con el material de la lección.* Asegúrese de comprender el contenido de cada lección para saber cómo estructurar el tiempo del grupo y estar preparado para dirigir la discusión.
- *Decida qué preguntas quiere tratar.* Dependiendo de cuánto tiempo tenga cada semana, es posible que no pueda reflexionar sobre

cada pregunta. Seleccione algunas que sean específicas y que piense que provocarán una mejor discusión.

- *Acepte peticiones de oración.* Al final de su discusión, asegúrese de tomar las solicitudes de oración de los miembros de su grupo y luego oren unos por otros.
- *Ore por su grupo.* Ore por los miembros de su grupo durante la semana y pídale a Dios que los guíe mientras estudian su Palabra.
- *Lleve suministros adicionales a su reunión.* Los miembros deben traer sus propios bolígrafos para escribir notas, pero es buena idea tener algunos adicionales para aquellos que los olvidan. También puede llevar papel y biblias adicionales.

Tenga en cuenta que, en muchos casos, no habrá una respuesta «correcta» a ninguna pregunta. Las respuestas variarán, especialmente cuando se les pide a los miembros del grupo que compartan sus experiencias personales.

Estructuración del tiempo de discusión

Usted deberá determinar con su grupo cuánto tiempo desea reunirse cada semana, de forma que pueda planificar su tiempo. En general, a la mayoría de los grupos les gusta reunirse durante noventa minutos o dos horas, por lo que puede usar uno de los siguientes horarios:

Sesión	90 minutos	120 minutos
Bienvenida: los miembros llegan y se instalan	15 minutos	20 minutos
Rompehielos: discuta una pregunta inicial tipo rompehielos con el grupo	15 minutos	20 minutos

Discusión: comente las preguntas de estudio bíblico que seleccionó con anticipación	50 minutos	60 minutos
Oración / Clausura: oren juntos como grupo y despidan	10 minutos	20 minutos

Como líder del grupo, depende de usted controlar el tiempo y mantener las cosas en movimiento de acuerdo con su horario. Si su grupo mantiene una buena discusión, no sienta la necesidad de detenerse y pasar a la siguiente pregunta. Recuerde, el propósito es reunir ideas y compartir puntos de vista únicos sobre la lección. Anime a todos a participar, pero no se preocupe si ciertos miembros del grupo son más callados. Es posible que solo estén reflexionando internamente sobre las preguntas y necesiten tiempo para procesar sus ideas antes de poder compartirlas.

Dinámica de grupo

Dirigir un grupo de estudio puede ser una experiencia gratificante para usted y los participantes, pero eso no significa que no habrá desafíos. Las discusiones pueden desviarse. Ciertos miembros pueden sentirse incómodos al discutir temas que consideran muy personales y pueden temer que los pidan sus opiniones. Algunos miembros pueden tener desacuerdos sobre temas específicos. Para ayudar a prevenir estos escenarios, considere establecer las siguientes reglas básicas:

- Si alguien tiene una pregunta que puede parecer ajena al tema, sugiera que se discuta en otro momento o pregunte al grupo si están de acuerdo con abordar ese tema.
- Si alguien te hace una pregunta de la que usted no sabe la respuesta, confiese que no la sabe y siga adelante. Si se siente cómodo, puede invitar a los otros participantes a dar

sus opiniones o compartir sus comentarios basados en su experiencia personal.

- Si siente que un par de personas están hablando mucho más que otras, dirija las preguntas a aquellas que quizás aún no hayan hablado. Incluso podría pedirles a los miembros más activos que ayuden a sacar a los silenciosos.
- Cuando haya un desacuerdo, anime a los participantes a procesar el asunto con amor. Invite a miembros de lados opuestos a evaluar sus opiniones y considerar las ideas de los otros interlocutores. Guíe al grupo a través de Escrituras que aborden el tema y busque puntos en común.

Cuando surjan problemas, anime a su grupo a seguir estas palabras de la Biblia: «Que os améis unos a otros» (Juan 13:34), «Si es posible, en cuanto dependa de vosotros, estad en paz con todos los hombres» (Romanos 12:18), «Todo lo que es verdadero, todo lo honesto, todo lo justo, todo lo puro, todo lo amable, todo lo que es de buen nombre; si hay virtud alguna, si algo digno de alabanza, en esto pensad» (Filipenses 4:8), y «Todo hombre sea pronto para oír, tardo para hablar, tardo para airarse» (Santiago 1:19). Esto hará que su tiempo en el grupo sea más gratificante y beneficioso para todos los asistentes.

Gracias de nuevo por su disposición a liderar su grupo. Que Dios recompense sus esfuerzos y su dedicación, los capacite para guiar a su grupo en las próximas semanas y haga que su tiempo juntos en *30 Principios de vida* sea fructífero para su reino.

ACERCA DEL AUTOR

El Dr. Charles F. Stanley ha servido como pastor de la Primera Iglesia Bautista de Atlanta desde 1971. Es el fundador y presidente de Ministerios En Contacto, y conocido internacionalmente por su programa de radio y televisión En Contacto con el Dr. Charles Stanley. Entre sus muchos éxitos de librería se incluyen Cuando el enemigo ataca, En busca de paz, Cómo escuchar la voz de Dios, Caminemos sabiamente, El éxito a la manera de Dios y La paz del perdón. Para más información, visite www.encontacto.org.

También disponible en la
Serie de Estudios Bíblicos de
CHARLES F. STANLEY

Cada estudio se basa en los muchos años de enseñanza del Dr. Stanley enseñando los principios rectores que se encuentran en la Palabra de Dios, mostrando cómo podemos aplicarlos de manera práctica a cada situación que enfrentamos.

Ya están disponibles en su librería favorita.

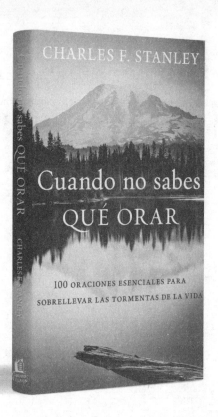